商务英语研究论丛

应用型本科院校商务英语
人才培养模式研究

陈平香　著

苏州大学出版社

图书在版编目(CIP)数据

应用型本科院校商务英语人才培养模式研究/陈平香著. --苏州：苏州大学出版社，2024.8. --(商务英语研究论丛). -- ISBN 978-7-5672-4883-0

Ⅰ.F7

中国国家版本馆 CIP 数据核字第 20247L4K41 号

书　　名：应用型本科院校商务英语人才培养模式研究
YINGYONGXING BENKE YUANXIAO SHANGWU YINGYU RENCAI PEIYANG MOSHI YANJIU

著　　者：陈平香
策划编辑：汤定军
责任编辑：汤定军
封面设计：刘　俊

出版发行：苏州大学出版社（Soochow University Press）
地　　址：苏州市十梓街 1 号　　邮编：215006
印　　装：广东虎彩云印刷有限公司
网　　址：http://www.sudapress.com
邮　　箱：sdcbs@ suda.edu.cn
邮购热线：0512-67480030
销售热线：0512-67481020

开　　本：700 mm×1 000 mm　1/16　印张：10.5　字数：173 千
版　　次：2024 年 8 月第 1 版
印　　次：2024 年 8 月第 1 次印刷
书　　号：ISBN 978-7-5672-4883-0
定　　价：58.00 元

凡购本社图书发现印装错误，请与本社联系调换。服务热线：0512-67481020

前言
Foreword

改革开放后,我国进入了快速发展的轨道,一跃成为世界第二大经济体,与世界各国在政治、经济、文化领域的联系进一步加强。"一带一路"倡议提出后,我国努力构建互联互通、政治互信、经济融合、文化包容的全球经济利益共同体。英语作为国际通用语言之一,其作用越来越明显。娴熟的英语听、说、写、译能力已成为新常态下国家和社会对英语人才的基本要求。商务英语人才作为能用语言优势和涉商领域专业技能解决实际问题的专门人才,在促进国家及地区经济发展方面起着越来越重要的作用。在"科教兴国,人才强国"战略的指引下,我们国家在很多方面已能和世界强国并驾齐驱,在国际市场上也显示出了强大的力量。在当前形势下,中国的外贸总量大幅增长,其中跨境电商业务占据半壁江山。因此,国家在外贸发展领域急需一批精通英语、熟悉涉商领域技术的专业人才,这为商务英语专业的发展带来了前所未有的机遇。

然而,对于应用型本科院校来说,商务英语专业人才的培养不能简单地照搬原来英语专业的人才培养方案或者研究型高校、高职院校的人才培养方案。《商务英语专业本科教学指南》强调商务英语本科专业建设需要遵循"学生中心、产出导向、持续改进"的教育理念,从国家发展战略对外语专业人才的需求出发,规定了商务英语专业的培养目标、培养规格、课程体系、教师队伍、教学条件等重要方面。北京语言大学国际语言服务研究院院长王立非指出,商务英语专业的培养目标应突出商务语言运用、商务知识学习与实践、跨文化商务交际能力发展的人才培养特色。商务英语专业定位强调外语与商务的复合以及跨学科的人才培养理念和模式。由此可以看出，我国对商务英语人才的培养有着清晰的框架和思路，但是每所高校还需要结合区域经济发展和自身的定位来构建商务英语人才培养模式。

笔者结合自己十多年商务英语教学的经验和对同类院校的人才培养体系的调研发现，大多数应用型本科院校致力于培养外贸方面的人才，少数学校培养商务英语翻译、涉外法律人才。致力于培养外贸方面人才的学校人才培养方案中课程设置基本相同，也有部分学校开设了特色课程。基于社会对商务英语专业人才的需求，笔者结合自己过去的研究，提出了适合应用型本科院校商务英语人才培养的模式，旨在为应用型商务英语人才的培养提供理论借鉴。

本书从分析当前商务英语专业人才培养的现状入手，结合商务英语人才培养的国家标准，以"三全育人"教育教学理念、OBE教育教学理念和"生态化育人"教育教学理念为基础，提出了多元化的商务英语专业的育人模式。鉴于对商务英语高素质人才的需求，以"三全育人"教育教学理念为基础，提出了坚持德育优先、知识与能力并重的人才培养模式，主要从理论课、实践课、导师制以及政、校、企协调育人不同路径进行分析研究。就知识素质要求而言，结合OBE教育教学理念的核心要素，提出了以市场需求为导向设计人才培养体系、以课程内涵建设为抓手提升人才培养质量、以职场需求为导向加强师资队伍建设、以育人成效为目标突出"能力本位"的教学模式的具体路径。针对应用型本科学生的学习特点，结合"生态化育人"教育教学理念，提出了英语"生态化育人"模式，从课堂、管理、评价等多个维度分析"生态化育人"的可行性及其对商务英语人才培养的重要指导意义。

由于笔者时间、个人认知和教学经验有限，本书撰写难免有不足之处，敬请广大读者批评指正，共同交流。

目录 Contents

1. 绪论 / 1
2. 我国商务英语人才培养模式的研究现状 / 6
3. 应用型本科院校商务英语人才培养现状 / 10
   - 3.1 教学体系设置 / 10
   - 3.2 师资队伍建设 / 15
   - 3.3 学生学习现状 / 18
   - 3.4 教材建设现状 / 22
   - 3.5 实践教学资源建设现状 / 26
4. 商务英语人才培养的理论基础 / 30
   - 4.1 "三全育人"教育教学理念 / 30
   - 4.2 OBE 教育教学理念 / 34
   - 4.3 "生态化育人"教育教学理念 / 39
5. 应用型商务英语人才培养标准与培养特色 / 43
   - 5.1 应用型商务英语人才培养标准 / 43
   - 5.2 应用型商务英语人才培养特色 / 47
6. 应用型商务英语人才培养模式 / 51
   - 6.1 坚持德育优先、知识与能力并重的人才培养模式 / 51
     - 6.1.1 理论课中的课程思政建设 / 52
     - 6.1.2 实践课中的育人路径探索 / 58
     - 6.1.3 教师的示范引领 / 63
     - 6.1.4 政、企、校协同育人机制建设 / 75

6.2 基于OBE教育教学理念的人才培养模式 /81
    6.2.1 以市场需求为导向设计人才培养体系 /82
    6.2.2 以课程内涵建设为抓手提升人才培养质量 /88
    6.2.3 以职场需求为导向加强师资队伍建设 /96
    6.2.4 以育人成效为目标突出"能力本位"的教学模式 /100
    6.2.5 以实践应用的价值取向开展课程建设 /104
    6.2.6 以校企合作为平台创新人才培养模式 /114
6.3 "生态化育人"模式 /119
    6.3.1 人才培养生态环境 /121
    6.3.2 课程生态 /123
    6.3.3 师资生态 /128
    6.3.4 专业生态 /135
    6.3.5 管理生态 /142
    6.3.6 课堂生态 /146
    6.3.7 生态化评价 /151

7. 结论 /154

参考文献 /159

1. 绪 论

随着社会经济的发展、信息技术革命的推进以及我国"一带一路"倡议的持续推进，外语人才尤其是复合型外语人才的需求日益剧增。纵观我国英语人才培养之路，不难看出，我国英语人才培养始终与时俱进，一直在探索复合型外语人才的培养，早在20世纪末就提出了复合型外语人才培养的理念。复合型外语人才培养打破了传统外语人才培养的旧观念，树立了一种全新的人才培养目标，要求外语人才应具备扎实的外语基本功、宽广的知识面、较强的创新思辨能力和应用实践能力。

进入21世纪后，交叉学科不断涌现，社会对外语人才的需求呈多元化态势，对以往只掌握外语专业知识和基本技能的单一外语类毕业生的需求大幅减少，纯外语人才已无法完全满足社会的需求。社会需要口径宽、适应性强、有相当应用能力的复合型英语人才。《普通高等学校外国语言文学类专业本科教学质量国家标准》（以下简称《国标》）关于复合型外语人才的培养目标描述如下："外语类专业旨在培养具有良好的综合素质、扎实的外语基本功和专业知识与能力，掌握相关专业知识，适应我国对外交流、国家与地方经济社会发展、各类涉外行业、外语教育与学术研究需要的各外语语种专业人才和复合型外语人才。"（教育部高等学校教学指导委员会，2018）《国标》兼顾不同类型外语人才培养，将外语人才培养目标分为外语教育与学术研究类外语人才、复合型外语人才两类，突出强调三类人才规格：第一类是外语教育人才，即外语师资；第二类是学术研究人才，即从事语言文学研究的人才；第三类是复合型外语人才，即国家经济社会发展和"一带一路"建设需要的复合型外语人才。在复合型外语人才规格方面，《国标》没有具体规定复合型人才类型，为各类型、各层次、各区域高校的复合型人才培养预留了足够空间。高校可根据国家和区域经济社会发展需要、办学层次、办学定位和办学目标,培养各行各业需要的复合型外语人才,办出特色,避免千校一面。复合型外语人才培养要防止出现三种倾向:一是重技能轻素质,偏重语言技能训练,忽视文化价值观引导;二是重专业轻通识,过于注重学科专业性,思维能力、跨文化交际能力和人文科技素养培养欠缺;三是重应用轻文化,强调语言应用和实践,缺乏文化与文明互鉴(蒋洪新,2019)。

复合型人才的提出使我国商务英语专业有了相应的发展,从过去复合型人才培养中涉及商务知识,到开设英语(商务方向)专业,再到商务英语专业的逐渐发展与日趋成熟,这些确保了现在的商务英语专业规范化开展教育教学活动。2006年,教育部开始论证设立商务英语本科专业,接着于2007年批准对外经济贸易大学试办商务英语本科专业,这在当时引起了学术界的广泛关注,客观上促发了关于商务英语学科专业内涵与定位的讨论,相应地一批研究成果陆续问世。2012年,商务英语被教育部正式列入大学本科专业基本目录,商务英语专业的地位正式得到官方的认可。于是,大批院校开始兴办商务英语专业,2012年全国仅有80多所高校,截至2023年,全国开设商务英语专业的高校已经达到430所,且有部分高校开设商务英语专业第二学位。由此可见,商务英语专业的发展势头良好,备受高校和学生青睐。值得一提的是,越来越多的应用型本科院校开设商务英语专业,这与社会经济对人才的需求密切相关。

一个学科专业体系的成熟需要实践经验的积累和相应的指南,《商务英语专业本科教学指南》和《国标》的出台以及"三进"工作的推进为我国商务英语人才培养指明了方向和道路。

《商务英语专业本科教学指南》规定了复合型商务英语人才的培养目标,对《国标》人才培养目标进一步细化和补充,并指出:"商务英语专业旨在培养具有扎实的英语语言基本功和相关商务专业知识,拥有良好的人文素养、中国情怀与国际视野,熟悉文学、经济学、管理学、法学等相关理论知识,掌握国际商务的基础理论与实务,具备较强的跨文化能力、商务沟通能力与创新创业能力,能适应国家与地方经济社会发展、对外交流与合作需要,能熟练使用英语从事国际商务、国际贸易、国际会计、国际金融、跨境电子商务等涉外领域工作的国际化复合型人才。"(教育部高等学校外国语言文学类专业教学指导委员会英语专业教学指导分委员会,2020:47)。

/ 1. 绪 论 /

商务英语是中国特色社会主义新时代的必然产物，也是必然需求。应用型本科院校商务英语专业定位不能简单照搬研究型本科院校的定位或者沿用自身原英语专业的定位，而应与时俱进，注重应用型人才的特点，以新文科建设的目标和任务为指引，突出培养学生的综合素质和动手实践能力，更新和优化专业定位，实现交叉学科的融合发展，培养既懂外语又懂商务知识的跨学科人才。商务英语专业应面向科技进步和时代发展，以满足国家和社会需求为内在动力，以解决实际问题为导向，培养问题驱动的创新能力，服务于我国高质量对外开放、"一带一路"建设、中外人文交流、文明互鉴和人类命运共同体构建。（王立非、宋海玲，2021）

新时代应用型商务英语人才的培养要面向市场需求，面向国家经济战略发展需求，面向区域经济发展的需要。在此过程中，我们会面临诸多的问题和挑战，比如学生自主学习能力较弱、师资力量不足、实践教学基地匮乏、教材体系有待完善等。面对这些困境，我们首先要明确商务英语专业应以语言文学和文化基础学科知识为主，以应用经济学、工商管理学等跨学科知识为辅，主辅知识相互交叉，构建复合型人才的知识体系，而不是单纯学习国际贸易、经济学之类的知识，因此在课程体系设置时要防止本末倒置的现象，不能将商务英语专业办成国际贸易专业。在专业特色建设方面，要合理选择专业方向，比如涉外法律商务人才、跨境电商人才、涉外管理人才，要做到"有所为有所不为"，凸显校本特色，充分利用校本资源，避免面面俱到、贪大求全。其次，要不忘初心、牢记使命，坚持正确的办学方向，把"立德树人"放在首位，注重内涵式发展，优化课程体系，加强实践教学基地的建设，不断深入推进产教融合的发展，开创商务英语专业建设的新局面，培养社会急需的国际化人才。

应用型本科院校既不能照搬研究型本科专业的人才培养方案，也不能直接采用职业院校的人才培养方案，如何定位决定了我们如何开展人才培养工作。我们具体可以从培养目标（aim）、内容（content）、路径（route）与评价（evaluation）四个方面构建适合校本特色的商务英语专业人才培养体系。商务英语专业人才培养目标的制定要遵循教育规律。首先，根据学校的办学定位、办学理念，确定人才培养层次；其次，依据社会与区域经济发展需求及毕业生就业所需的语言、能力和素质要求，反向设计人才培养体系；再者，从专业评估、人才质量出发，确定人才培养标准；最后，基于学校建设资源、专业发展布局与行业发展现状，明晰培养特色。人才培养内容的确定要依据商务英语专业的人才培养目标，主要从英语语言知识与技能、商务知识与技能、跨文化知识与沟通能力三个模块着手，确定具体的人才培养内容，并具体落实到每一门课程中。作为人才培养的顶层设计，人才培养目标、培养内容固然重要。人才培养途径则是落实"如何来培养人"的策略问题，直接决定培养目标的达成，从某种意义上来说更为重要。培养内容关系到教师如何选择教学手段和学生的学习成果。因此，人才培养体系的设置要以学生知识与能力提升为主线，选择合适的教学模式，优化实践教学、师资队伍建设，探索校企深度合作等路径问题。人才培养的质量如何，是否达到预期目标，这些都需要借助一定的评价方式来判定。具体的评价策略要遵循评价主体多样化、评价成果全面化、评价方式过程化、评价标准差异化的原则，对学生进行形成性、全方位、动态化的评价。人才培养是专业建设的关键内容，商务英语专业的人才培养要体现复合型和应用型的特点，因此多维度探索适合本校学生的人才培养模式至关重要。

  本书共 7 部分，包含了商务英语人才培养现状、困境和解决方案，具体内容如下：第 1 部分主要对商务英语专业的发展进行总体概括，包括商务英语专业的发展历程、当下面临的主要困境以及人才培养过程中我们理念的转变。第 2 部分主要对我国关于商务英语人才培养模式的研究进行总结。第 3 部分结合笔者的工作经验和相关的文献资料分析应用型本科院校商务英语人才培养的现状，分别从教学体系的设置、师资队伍的建设和学生学习的现状等进行详细描述。第 4 部分主要陈述了商务英语人才培养的理论基础，包括"三全育人"教育教学理念、OBE 教育教学理念和"生态化育人"教育教学理念。第 5 部分对应用型商务英语人才培养标准和培养特色分别进行阐述，为应用型本科院校商务英语人才的培养指明了方向、设置了框架。第 6 部分重点阐述应用型本科院校商务英语人才培养的模式，该部分是本书的重点内容，结合笔者多年的工作实践经验，提出：（1）坚持德育优先、知识与能力并重的人才培养模式，主要围绕课程建设、导师制和校企协同育人机制等方面进行阐述；（2）基于 OBE 教育教学理念的人才培养模式，主要包括课程体系的设计、"双师型"队伍建设和学生个性化发展几个方面;(3)"生态化育人"模式,主要包括外部的生态环境、内部的课程生态、师资生态、生生之间的生态,通过良好生态育人环境的构建,为学生的成人成才赋能。第 7 部分则是对本书的内容进行总结,并指出本书研究中存在的不足、未来可以持续改进的方向。

2. 我国商务英语人才培养模式的研究现状

随着我国商务英语专业发展日趋稳定、专业目标更加清晰、专业体系更加完善，多元化的专业发展模式逐渐凸显。不少专家学者、一线教师对商务英语人才的培养模式进行了研究，归纳起来主要有以下几方面：

（1）新文科建设背景下复合型商务英语人才培养模式的研究。王立非（2021）等以新文科建设的核心任务为指引，从复合型商务英语人才定义、培养目标、培养路径三方面解读了《普通高等学校本科商务英语专业教学指南》（以下简称《商英指南》）提出的复合型商务英语专业定位和人才培养的核心理念，并阐述了商务英语人才培养的"五复合"路径，也就是培养规格复合、模式复合、课程体系复合、教学内容复合、教学方法复合。张蔚磊（2021）指出新形势下重新规划商务外语人才培养的必要性，述评了我国商务外语学科的发展历程，分析了我国商务外语教育研究趋势，分别从商务外语学科群、商务外语专业、商务外语课程体系、商务外语人才培养模式、商务外语人才能力指标体系与质量标准、商务外语教育基地建设、商务外语创新创业实践技能大赛七个维度阐释建构商务外语人才策略的模型。李玲、王文菁、瞿红华（2022）基于需求分析理论，通过问卷和访谈对地方本科院校商务英语专业毕业生需求和用人单位需求进行调查。在对两种需求进行分析的基础上，以提高就业质量为目标，从构建多元课程模块、注重学生实践能力培养、扩大校企合作范围、加强复合型师资队伍建设等方面提出地方高校商务英语专业课程体系适应性改革方案，以期为新文科背景下地方高校商务英语专业设置更加符合社会发展和学生职业需求的课程体系提供借鉴和参考。谢危、贾培云、应英等（2023）基于对当前高校商务英语专业创新创业人才培养面临的问题与挑战所做的分析，

2. 我国商务英语人才培养模式的研究现状

从课程体系、实践教学体系、保障机制和评价体系等方面构建了商务英语专业 CPGE 创新创业人才培养体系，通过"三阶梯"双创课程体系、"三平台"实践教学体系、"四关键"保障机制和"二维度"评价体系，启发学生创新意识，培养创新创业思维和创新创业能力。以新文科理念为行动指南，商务英语人才培养须探索新路径，深入实施跨学科培养模式改革。易明勇、张迎迎（2022）在对新文科的缘起和发展简要叙述的基础上阐释了商务英语人才培养与新文科理念的逻辑关联，进而分析了人才培养面临的新挑战和新任务，重点从商务英语学科定位、人才培养方案和课程大纲思政融入、跨学院知识融合、校企政三方聚力以及信息化五个方面阐述了面向新文科的商务英语人才跨学科培养模式创新探索。

（2）基于调研数据的商务英语人才培养策略研究。校企合作是商务英语专业人才培养的必由之路。商务英语专业只有走校企合作发展道路，才能实现高校人才培养与用人单位对人才需求的无缝对接。商务英语专业校企合作实施的途径有多种，首先是引企入校，让企业把生产线以及相关的职能部门建在校内，实现校企融合。其次是引校入企，让学生走出校门，走进企业生产第一线，实行工学交替。再次是教师入企挂职，实行师徒一体化，提高教师实践教学的指导能力。王艳艳（2013）以上海某大学253名商务英语专业在校生和47家用人单位为调查对象，进行了商务英语专业人才需求和培养模式调研。通过比较分析调查结果发现，商务英语专业在校生和用人单位对商务英语专业毕业生工作岗位需求与商务知识重要性评价上存在较大差异，在英语基本功、商务能力和商务实践课程重要性评价上相对一致。根据调研结果，提出了商务英语专业人才培养模式的具体策略，主要包括以学生工作岗位需求为引导、重视英语基本功训练、加强普通用途商务英语教学、打造"双师型"教师队伍、选择时效性强和案例丰富的教材、采用案例教学法等。杨天（2022）基于 ESP 需求理论，以"一带一路"倡议为背景，结合《国标》要求，提出了应用型本科院校商务英语人才培养模式，建议以市场需求为导向尝试对商务英语人才培养模式进行改革，采取重设教学目标、增加应用型课程比例来优化课程体系、完善网络信息教育平台、创新环境和实践形式、升级多元评价系统等策略，期望培养"英语+X"复合型商务英语人才，更好地满足"一带一路"建设的需求。郭薇（2022）从调研企业需求的角度，通过分析企业招聘信息以及三方深度访谈探究商务英语本科专业人才培养的聚焦点，发现：企业倾向商务英语专业毕业生，重视通用商务技能、专业商务技能和综合素养；商务英语本科专业学生语言基本功扎实，但所学商务类课程设置大多广而浅。商务英语在专业建设方面应丰富教学手段及实践教学形式，重视培养基本素养和商务技能，赋予学生更大的课程选择权。

（3）产教融合、校企合作协同育人模式研究。近些年国家对于职业技能型人才非常重视，职业技术学院在此方面的研究较多。蓝国兴（2016）指出，产教融合是应用技术型大学转型发展的重要举措，也是实现商务英语人才培养与企业岗位需求对接的有效途径。要实现产教融合，高校应与企业合作共建创新创业团队，引企入校共建产教融合实践基地，借助跨境电商交易平台推动商务英语人才培养，实现产教融合，做到教学过程与产业需求的无缝对接。校企合作与产教融合是应用技术型高校商务英语专业人才培养的必由之路，也是高校教师职业发展的重要举措。只有建立产教融合长效机制，做到高校人才服务于企业、企业设施服务于高校，实现校企资源共享，才能促进商务英语专业学生实践操作技能的整体提升，带动学生将所学的理论知识应用到具体的外贸实践工作之中，为其今后走向工作岗位提供有力保障。南通师范高等专科学校吴海燕（2019）老师以"1＋X"证书制度为切入点，分析了高职商务英语专业发展中存在的问题，并提出了高职商务英语专业人才培养策略：调整人才培养方案、调整人才培养模式、调整人才评价方式、合理设置各类课程、建设"双师型"教师队伍、积极推进校企合作、深化产教融合。"1＋X"证书制度鼓励学生在职业技能方面获得发展和提升，与此同时，企业对商务英语人才的需求数量不断增加、对人才素质的要求不断提升，但是高职院校商务英语专业现有的教学资源已经无法满足企业对人才能力的需求。高职院校商务英语专业人才培养应从现有的知识、单一技能评价模式向复合型、应用型评价标准转变，注重学生英语基础、商务实践能力、跨文化交际与人文素养的全面平衡发展。在课程设置方面要明确各阶段的课程设置及目标，改革教学模式，重视实践教学环节。将"班级公司化"，采用项目教学等模式进行教学。刘莉（2023）指出了"1＋X"制度下高职商务英语教育教学改革举措：一是从高职商务英语专业结构和人才培养目标的角度出发，根据商务英语专业的培养方向、知识谱系图、区域企业的岗位需求，建立"X"证

2. 我国商务英语人才培养模式的研究现状

书遴选标准；二是加强校企合作，引领商务英语教育教学的人才培养模式改革；三是改革创新课程体系，构建商务英语"课岗对接，课证融合，课赛融通"的课程教学模式；四是改革创新师资队伍建设；五是引入新型评价模式，优化完善人才评价体系。

我国对商务英语专业人才培养的研究，无论是从新文科建设的角度，还是从校企合作、对现状数据分析的角度，大多数都是基于应用型复合型的商务英语人才培养模式或者策略，主要从教学模式、师资队伍建设、教学评价体系、校企合作模式等方面进行逐一分析。这为探索适合我国每所院校的商务英语人才培养模式起到了一定的指导作用。但是前期的研究多是围绕本科商务英语人才培养和职业学院商务英语人才的培养展开的，而对于应用型本科院校商务英语专业人才培养的研究相对较少，因此需要进一步对应用型商务英语专业人才培养模式进行精准研究，既要区别于研究型高校，又要区别于职业院校。

3. 应用型本科院校商务英语人才培养现状

3.1 教学体系设置

《商英指南》明确规定商务英语专业的课程体系设计应遵循复合理念，包括公共基础类课程、专业核心课程、专业方向课程、实践教学环节（含毕业论文）四个部分。课程类型分为语言文学类课程、商务类课程、跨文化类课程、通识教育类课程，这四种课程类型构成完整的复合型课程体系。在四种课程中，语言文学与跨文化类课程是专业核心课程，坚持固本强基的"厚基础"原则；商务类课程为跨学科知识与技能课程，贯彻学科交叉的新文科理念；通识教育类课程为公共基础课程，落实宽口径育人的思想。（王立非、宋海玲，2021）

除此之外，《商英指南》还明确了商务英语专业可以按照国际商务、国际贸易、国际会计、国际金融、跨境电子商务五个专业方向进行课程设置，每个方向开设四门专业必修课程和十门专业选修课程，形成较为完整的专业课程体系。这既能体现英语学习的厚基础，也能体现商务专业知识的跨学科性，凸显复合型人才培养的特点。当然，不同层次、不同地域的学校可以根据实际情况，对相关的专业方向课程进行调整，以满足学生的就业需求。

笔者对多所高校商务英语专业的人才培养方案进行了调研，发现彼此差异性较小，开设的课程大同小异，特色不够鲜明。比如，有的学校开设的课程大部分为跨境电子商务方向的课程，但是为了整体学分的平衡，增加了会计学或者金融类课程，实际上对于应用型本科院校的学生来说，掌

3. 应用型本科院校商务英语人才培养现状

握金融相关知识难度较大，而且开一两门金融课程起到的作用较小。大部分应用型本科院校在跨境电子商务方面开设的课程为传统的"国际贸易实务""国际商法""跨文化沟通""商务谈判""跨境电商概论"等，而新时代所需要的一些商务技能的课程没有凸显在人才培养方案中。但是也有少数高校走在前列，不断探索新时代的新课程，比如"跨境电商办公软件实操""PS软件应用""跨境直播实务""商务职场礼仪"等，这些课程实用且能让学生未来更具竞争力。也有少数高校选择国际商务方向进行人才培养，主要开设的课程为能适应跨文化商务场合的综合类课程，如"商务英语口译""商务英语笔译""国际商务谈判""商务沟通"等课程。

部分院校在"1+X+N"办学理念的指导下对商务英语专业推行"双证"制教育，并且在课程体系中有所体现。商务英语专业的学生首先获得英语类的证书是必备条件，将相关职业资格证书纳入教学体系，可以让学生进行学分置换，免修少数课程。这些证书包括剑桥商务英语（BEC）中高级证书、跨境电商数据运营师证书、普通话证书、外销员证书、计算机等级证书、报关员证书等。相关课程的教师在课程中适当植入对应的技能训练，比如在外贸函电、跨境电商概论等课程中传授一些外贸制单的知识，这可以让学生在学习扎实的语言的同时掌握至少一项未来就业可以用到的技能。

部分学生对于跨文化类课程的设置不够重视，他们把这些课程放到了选修课里面。商务英语专业毕业生主要从事国际商务工作，即便拥有较高的英语语言水平，如果不熟悉国外的文化与习俗，也难以与国外企业或者个人有效沟通与交流，甚至会给企业带来经济损失。因此，跨文化沟通能力是商务英语专业学生必备的技能。在商务英语专业的课程设置中，不可以只设置一些硬性技能的课程，还需要软性的文化类课程加持，要让学生了解目标国家的政治、经济、文化环境和人物风情，熟悉目标国家的商业价值观、思维方式、企业经营习惯等，懂得必要的商务礼仪。因此，可以将"英美国家概况""跨文化商务交际""商务礼仪"等课程设置为必修课程，让学生能够重视此类课程。

随着社会的发展，对商务英语人才的需求更注重实践性，不少学校商务英语专业在人才培养体系中明确规定了实践教学的比例，有的学校实践教学的比例占总学时的30%，可以说对于实践教学的课程设置还是给予了高度重视。实践教学主要包括理论课程的课内实践部分、专门的实践教学模块以及大学生创新创业实践等内容。课内实践教学与课内理论课程有机融合，是对课内知识的应用实践，比如"商务英语翻译"课程，学生只听理论不进行实践将会很难胜任日后的翻译工作，因此需要设置一定的课内实践学时。还有实践性较强的课程，如"跨境电商美工"，总学时为32课时，其中16课时是课内实践，因为这种办公软件的学习只有应用了记忆才会深刻，才能掌握技能，课堂理论教学只是让学生了解基本原理和规则。为了提升学生的应用能力，一些学校还设置了"认识实习""专业实习""商务模拟实验""商务研究报告写作"等纯实践课程。这些课程里面"认识实习"是让学生去企业参观学习，"专业实习"则是需要去企业顶岗实践，"商务模拟实验室"通过实训室完成相应的外贸制单，"商务研究报告写作"需要学生利用多种方式途径去调研企业，并且结合自己所学的专业知识形成实践报告，最后进行汇报。学生在学思践悟中看到自己的短板，不断提升自我的实践能力、社会适应能力、创新能力、思辨能力。教师在指导学生实践的过程中也能够将理论教学完美、和谐地融入实践教学中，并且也能够不断提升自己对商务英语专业实践教学的认知，从而不断完善教学过程，积极改革实践教学方案。

专业建设离不开课程，专业是人才培养的基本单元，课程是人才培养的核心要素。就商务英语专业课程体系设置而言，一些高校在积极采取措施，力求结合本校特色，全盘考虑新文科对商务英语专业提出的新要求，优化、整合、融合原有的课程，对现有的商务英语专业课程进行优化，根据新需求、新趋势，进行适当的增减；随着信息技术的发展，部分高校借助网络数字技术，实现校际合作、校企合作、区域合作、资源共享等。"双万计划"（"双万计划"是中华人民共和国教育部实施的一项计划，旨在建设10000个国家一流本科专业点和10000个省级一流本科专业点）的提出有效推动了各高校人才培养体系的深度改革，因为省级一流课程包括线上金课、线下金课、混合式金课、虚拟仿真金课、社会实践金课五大类。在商务英语专业建设上，现在众多高校争先恐后申报一流课程，并且充分借助互联网，申报混合式教学和虚拟仿真课程的更多，成功概率也更大。为了使得人才培养体系更具有地方特色，更适合本校的实际办学情况，现在很多省份纷纷成立了商务英语联盟，旨在通过定期的交流互动共享人才培养资源。针对大数据、人工智能时代的要求，原有课程名称和内容需要迭代更新。例如，原有的"国际商务沟通"课程是否可以考虑更换为"大数据商务沟通"或者"智能商务沟通"，原有的"办公软件应用"可以改为"跨境电商办公软件应用"等。同时，课程更换不是简单为了应付学校两年修改一次人才培养方案的任务，而是要充分考虑行业需求和社会发展，还要充分考虑课程群的建设，使人才培养体系更具科学性、可操作性。

课程体系是否科学合理，最终落到每门课程的具体建设之中。因此，在课程建设中要以"金课"为标杆，不断优化教学方法、更新教学内容。应用型本科院校商务英语专业的金课应体现"两性一度"的要求：①"高阶性"，即商务知识与语言知识的有机融合，培养学生解决复杂商务问题的综合能力和高级思辨能力。②"创新性"，商务英语课程内容需具备创新性，反映商务课程的时代性。鉴于商务英语教学具有较强的实践性，在教学手段上要充分考虑数字化技术的应用，比如通过使用某些教学平台，通过人机交互完成跨境直播等。③"挑战度"，商务英语课程需要有一定难度，虽然应用型本科院校学生整体水平不如研究型本科院校学生，但是如果不给学生更有挑战性的学习资料，学生的水平很难提高。因此，教师要精心设计教案，让学生在课前有材料看，心里有进入课堂的底气；课中有材料学，心中有学习的信心；课后有任务做，心中载满学习的热情。教师可以采取混合式教学方法，激发学生参与课堂的动力，比如进行项目汇报、案例分析、辩论赛、项目调研结果分享等，而且让学生共同参与评价。目前，已经有一些应用型本科院校建设了国家级、省级的商务英语一流课程。他们能够在课程中体现各自的特色，并且取得了一定的育人成效。也有少数学校发挥商务英语的优势，打造了虚拟仿真金课，这是一种新的教育方式，是"智能+教育"的融合体现。当然，因为虚拟仿真建设成本较高、难度较大，目前建成的金课数量相对偏少，这也是应用型本科院校下一步需要努力的方向。对于商务英语实践教学，可以建设社会实践金课，不断提升学生的实际操作能力，实现企业与人才之间的无缝衔接。

以新文科建设理念为指导，商务英语跨学科人才培养体系的设置要坚持"立德树人"，在教育教学的各环节充分融入思政元素，构建价值引领、技能培养和知识传授的多维育人体系。在人才培养方案的制订中，思政要素和内容要贯彻始终。人才培养方案引领指导人才培养的过程，为专业教学与管理提供指导,是落实"立德树人"的"第一粒扣子"。因此,构建商务英语人才培养目标时,众多高校都将价值目标放在人才培养方案的第一位,它是一切目标的基础。教师制定教学大纲时也应该将育人目标放在第一位,突出课程思政的重要地位,并且突出课程思政育人的教学手段,甚至有的课程还应将对应的课程思政融入点写进教学大纲和教案,真正落实坚持知识传授与价值引领相统一、坚持专业育人与思政育人相统一、实现育人铸魂的目的。这也体现了商务英语专业的人才培养始终坚持与时代同步的特征。

当下,所有高校都意识到"三全育人"的重要性,在课程体系的设置上也充分考虑到课程模块化理论。为了落实讲好中国故事、学好商务知识,有的学校在商务英语人才培养体系构建时以 OBE 教育教学理念为指引,优化整合课程群内容。例如,在跨文化交际课程群建设中,以能力输出为导向,把"跨文化商务交际导论"课程作为本课程群的基础与核心,设置"中国文化概要"课程帮助学生掌握中国文化相关知识,设置"西方文明史""英语文学导论"帮助学生掌握目标对象的语言及文化知识。这四门课程形成社会主义核心价值观为引领的文学文化系列课程群。在建设此课程群的过程中,首先组建文学文化课程群教学团队,对课程群内容优化整合,进而完善教学方法与手段并建立课程群成效评价机制。通过文学文化系列课程群建设,学生能获得更好的学习体验,最终能促进人才培养目标的达成;教师通过协同合作,其科研能力、教学能力等方面也能得到提升,课程的教学内容、教学方法、评价机制等方面都能进一步被优化;课程群建设坚持"成果导向""学生为本"的原则也能有效推动教学、教材的改革。

在《商英指南》的框架之下,各个高校能根据实际需要开设相应方向的课程,但是由于师资等问题,部分高校在课程的搭配取舍上创新度不够,科学性有待进一步验证。当然,没有完美的课程体系,只有不断实践、不断完善的课程体系,时代在变,人才培养的要求也会随之变化。商务英语专业人才培养方案的建构者需要专心研究《商英指南》和《国标》,多走向市场,多走进学生,多方调研,设计更适合本校学生和市场需求的课程体系。任何课程体系的设置都要以学生为中心,以市场为导向,以激励教师终身学习为目的。

3.2 师资队伍建设

当今世界处于"百年未有之大变局",全球经济发展不平稳,我国经济发展也处于转型升级的关键时刻,互联网发展迅速且使用普遍,人们很容易受到各种思想观念、意识形态等方面的影响,教师也不例外。教师,尤其是高校教师肩负着培养祖国未来的责任,是将学生送入社会的最后一任校内老师,因此教师队伍的建设首先是素质的建设。师德师风是衡量"双师型"教师能力素质的第一标准。因此,高校教师一是要始终贯彻党的教育方针,践行社会主义核心价值观,不断提高自身的思想政治素质和师德素养,热爱教育事业,为人师表,关爱学生;二是要紧跟行业发展新动态,与时俱进挖掘课程所蕴含的思政元素,把知识传授与价值塑造高度融合;三是要把党的二十大报告提出的"在全社会弘扬劳动精神、奋斗精神、奉献精神、创造精神、勤俭节约精神"的要求落实到专业课的课程思政中,从而为实现中国式现代化培养德才兼备的高素质人才。目前,每所高校都高度重视师德师风的建设,日常通过主题党日活动和教研活动加强理论学习,或者通过观看宣传片、警示片提高教师的政治站位。每年都会举行师德师风活动,用丰富多彩的形式展现当代青年教师应该具备的师德师风,这也是对青年教师的一种个人素养的提醒。当然,落到实处,就是要求教师在实际教学中践行"立德树人"的根本任务,让高校课程思政与思政课程同向同行,坚持"三全育人""五育并举"的措施,让教师的个人素质在具体的工作中体现,在教育学生的过程中体现,在对学生的教学中体现。只有教师具备高尚的道德情操、职业素养,才有可能持续学习,成为"双师双能"的教师。目前在商务英语专业的建设中这是做得比较好的一点。很多商务英语老师是党员,因此通过党建引领专业发展,对教师也是一种督促和唤醒,教师在参加各种党支部活动中能够更加明晰育人的重要性。对于非党员教师,也可以和他们分享一些关于教师个人素养的知识,邀请他们向党组织靠拢,形成更加稳固的党员教师团队。

商务英语教学存在多样性、丰富性和深度发展,因此对于教师的要求也在不断提高(Ellis & Christine, 2002)。也就是说,商务英语教师在职业发展中不仅要具备相关的语言知识,还需要掌握相应的专业知识以及具备商务方面的实践能力。然而，由于应用型本科院校扩招，尤其在2010年到2020年期间，商务英语专业学生人数不断增加，由此民办高校和独立学院大量引进青年教师投入商务英语教学工作中，但是外语学院的招聘要求多为外国语言文学专业类的人才，对于教师具备商务领域的知识并没有作出明确要求。因此，进入外语学院的教师多为英语专业出身，从一所大学到另一所大学，只是由学生变成了老师，他们没有足够的社会经验和商务背景知识，所以在教授这种实践性很强的课程时难免出现力不从心的现象。在过去十年，尽管各个高校已经意识到"双师型"教师人手不足的问题，但是由于资源的限制，只能派出极少数老师进行相关的培训，而且应用型本科院校教师普遍的教学任务较重。据调查，大部分民办高校或者独立学院的青年教师平均每周至少有16节课，甚至有的教师达到20多节，基本都是超负荷工作，所以难得抽出时间学习。还有的学校教师发展机制不够完善，让部分青年教师无法意识到学习的重要性，导致有的教师教书十年除了年龄增长，专业知识并无很大的增长，长期处于闭门造车的状态，对于学科发展也缺少了解。

2020年后，受整个国际经济形势和国际关系的影响，传统的外贸行业大受冲击，跨境电商行业迅速崛起，此时人才的储备远远不够，对应的师资力量也显得单薄。进入2022年，受到网络媒体的影响，考生家长对于商务英语专业开始有所歧视，导致商务英语专业的招生大受影响。有的老师也开始出现思想动摇，认为学生都没了，教师还有必要在此方向继续走下去吗？但是也有教师在积极思考，认为只要教师内功练得硬核，整个学科就会有发展的动力。

2020年左右，随着先前大批引入的教师年龄和资历的增长，部分教师已获评副高职称，他们已经成为商务英语专业的骨干教师，并在课程建设方面有了一些成绩和个人的思考。应用型本科院校的学生虽然英语基础较为薄弱，但是动手能力较强，教师应充分抓住学生的优势进行教学，一位好教师不能只是纸上谈兵，还得有真才实学，能够在某个领域有相应的能力指导学生。

基于时代发展对商务英语教学提出的更高要求，一些学校成立了教师发展中心，二级学院组建起教师骨干团队，目的是让一部分积极上进的老师先动起来、先学起来。比如，寒暑假派老师参加研修班，或者参加职业资格培训班,通过理论学习丰富教师的知识体系。当然,还有的学校派老师去企业顶岗实习,体验真实的工作环境和工作流程,比如有的老师去企业学习跨境电商直播专业知识,或者去企业参与真实的商务翻译项目,这样老师回来上课就不至于照搬理论、空讲案例,而是能够告诉学生在具体的工作场景中需要用到哪些知识,需要具备哪些能力。

有的学校在师资队伍建设方面采取教师团队的形式,开展不同层次、不同层面的培训、组队,这对于提升教师整体的素质具有重要作用。具体做法如下:① 以课题项目为抓手,提升教师的科研能力。部分学校聘请退休教授担任外语学院的教科研指导员,根据国家级、省级、市级课题和前瞻性建设项目、信息化建设项目,引领教师探索一流课程、课程思政示范课程、省级教学团队、省级教学研究项目、省级优秀基层组织的申报。② 建立虚拟教研室,加强教师专业化的发展。通过引导教师加入商务英语教学的虚拟教研室,向来自全国各地的教师学习经验、学习方法、学习先进的教学理念并付诸实际的教学,形成相关成果。③ 以名师工作室为抓手,打造教师的成长平台。名师工作室是由专业名师引领的教师专业发展共同体,是教师共同学习、互勉共助、集体成长的平台,有助于促进专业师资队伍建设。建立工作室读书交流机制,要求成员每学期至少要读两本自己研究方向的书籍或者与岗位管理相关的书籍,通过沙龙等活动分享各自的读书心得,提升教师的认知能力和对本专业前沿的了解。并且通过名师工作室来对接其他学校的资源,通过"走出去"与"请进来"的方式,不断反思自身的成绩和差距,达到不断提升教师发展的目的。④ 教研活动主题化,更新教师的研究理念。教研活动不是简单传达学校通知的活动,有的学校在教研活动开展方面极具特色。比如通过开展外语讲坛活动,让老师们分享教学研究经验、课程改革经验、自己擅长的研究领域等,不同主题的分享也启发了教师进行课程教学设计、教科研项目申报的思考,让他们能够在各自擅长的领域发挥优势,为个人的成长和专业建设助力。⑤ 充分利用各种线上资源,完善教师的培训体系。商务英语专业可以通过加入省级商务英语联盟,获取一些公益讲座的资源,还可以获取外研社、外教社等知名出版社的公益讲座资源或者参加其组织的暑期研修班等活动,借助优质资源,结合校本发展特点,打造高素质专业化、创新型教师队伍。培训中,采取校内培训与校外培训相结合、常规培训与专题培训相结合、集中培训与自主学习相结合、线上培训与线下培训相结合形式，形成围绕教师专业化成长的系统性较强、注重教学实践、及时考核评价的立体化培训体系。⑥鼓励教师进行交叉学科知识的学习，培养"双师型""双能型"教师。商务英语专业需要开设国际贸易、跨境电商、新媒体营销等多种专业课，因此英语教师面临着职业危机。有的学校大力鼓励英语教师再学一门专业技能，一是用来补充师资力量，二是为了教师自身的发展。通过集中学习与自主学习的方式，定期组织教师参加同专业领域的教研会，对教师队伍进行专业细化分工，使他们有精力进行深入细致的研究和教学，并且通过此类培养培训，实现教师队伍由单一型向复合型的转化。

总而言之，当前应用型本科院校商务英语专业的"双师型"队伍师资不足，专业建设过程面临资源不足、财力不足等各种问题。因此，校方应该加大教师发展的投入，为优秀的教师提供成长平台，基层教学管理者也需要加大拓展优质学习资源的力度，组织教师学习交流。教师个人需要有终身学习的意识，学习不是靠等来的，是自己争取来的，高校教师不可以只是一个埋头干活的教书匠，还得有链接社会资源的能力，学会利用社会资源为个人的成长助力。也就是说，教师成长发展的出发点在教师个人的观念转变，落脚点在各方的努力。

3.3 学生学习现状

应用型本科院校商务英语专业学生目前的学习两极分化较为严重，这主要是由学习动机、个人习惯、学业发展规划等多方面的原因造成的。尤其近几年受到"文科无用论"的影响，学生选报志愿的时候不太愿意选择文科，但是高校的资源有限，因此部分学生被调剂到商务英语专业。还有的学生误认为商务英语专业学完好像就得去做与商务相关的工作，听起来就觉得不是自己想要的人生。社会、家庭和学生自身的认知等多方面的原因导致学生出现学习懈怠、学习困惑的局面。

学习动机是直接推动学生进行学习的一种内部动力，是激励和指引学生进行学习的一种需要。学习动机和学习的关系是辩证的，学习能产生动机，而动机又推动学习，二者相互关联。教育实践和教育心理学实验表明，学习动机推动着学习活动，能激发学生的学习兴趣，保持一定的唤

/ 3. 应用型本科院校商务英语人才培养现状 /

醒作用，指向特定的学习活动。由此看来，正确的学习动机对于商务英语专业学生的学习是必要的。然而，在独立学院的商务英语教学过程中，部分学生缺乏正确的学习动机，甚至有学生在学习过程中会改变自己的学习动机。

笔者在教学实践中对商务英语专业的学生进行过持续观察并与他们进行过交流，发现学生的学习目标通常在刚进校时是不明确的，随着学校的各种认知教育的开展及朋辈引领、导师引导，部分学生在半年到一年后的学习目标明确了、学习动力足了。从总体来看，学生们学习动机主要有以下几个方面：① 讲一口流利的英语；② 通过专四、专八考试；③ 找到一份与英语相关的好工作；④ 学习扎实的商务知识。学习商务知识的学生相对较少，他们觉得自己不适合做与商务相关的工作。学习动机在学生不同的学习阶段有可能会发生变化，比如，有的学生前期的学习动机就是要学好专业知识、拿到奖学金，因此大部分精力花费在专业课的学习和考证上。但是到了大三，学生开始面临选择，到底是继续学习深造还是进入社会锻炼，此时学习动机更为明确。比如，有的学生为了避开竞争激烈的就业市场和国内考研较难的现实，选择出国留学深造，旨在打开眼界、拓宽思维。还有的同学更喜欢安稳的体制内的工作，他们的学习动机除了专业课的学习，还包括加强各种社会实践，以此提升自己的综合能力和协调组织能力，他们会积极向党组织靠拢，认真为考公考编做好充足准备。还有少数学生的学习动机是将来创业，因此他们在专业课学习上保持一个稳定的中等水平，但是一定会积极思考创新创业的方向，尤为重视创新创业训练课程的内容，也会积极加入学校的各类创新创业大赛，以赛促学。但是，也有不到10%的学生不明确自己学习商务英语专业的目的，也没有足够的学习兴趣。这些学生上课通常坐在后面，上课也不怎么听讲，课后基本不花时间学习。

归纳起来，学生的学习动机有以下特征：① 学习动机不稳定，会随着周围环境和个人认知的改变，可能由原来找一份好工作变为后来要考研究生或者出国深造。② 个体差异较大。大学是一个相对自由开放的环境，大学生有更多自主选择的权利。应用型本科院校的学生在高中阶段基本属于班级中等程度的学生，他们有的是被家长、老师"压制"着学习，缺乏自身的职业规划思考，因此学习动机不足。但是也有学生 直在努力，按照自己的理想状态学习，有着较强的学习动机。

除了学生的学习动机之外，应用型本科院校学生学习的劲头相比研究型本科院校学生来说略差，这与他们学习的自律性有一定关联。有的学校为了创造优良学风，引导学生养成良好的生活习惯，制定各种管理制度，督促学生晨读和晚自习。其实，对于商务英语专业的学生来说，晨读和晚自习应该和吃饭一样重要，但是对于应用型本科院校的学生来说，他们学习自律性较弱，尤其到冬天，晨读的人寥寥无几，能坚持上晚自习的同学也不多。通过观察和访谈，笔者发现主要有以下原因：① 因为高中被压抑，在大学终于找到了自由，一定要抓紧时间让自己自由一下；② 因为对不早读、不晚自习好像没有太多的处分，也不一定会影响到期末考试成绩；③ 不喜欢和很多人一起在教室读书自习，更喜欢一个人找个安静的地方待着学习；④ 感觉大学学的知识太空泛，不知道从何开始学习；⑤ 大学学习的空间很自由，个人喜欢去图书馆安静地看书自习……从学生的自律性来看，主要原因还是因为个人没有长远的学业规划，缺少短期和长期的目标，基本上是为了应付考试而学习，没有真正从高中的学习模式转变到大学的学习模式。

课堂是学习的主阵地，也是学生获取知识的重要场所。笔者与多所高校老师交流，他们均表示商务英语专业学生上课考勤确实不错，但是上课效率差异较大，认真的学生可以全程跟上节奏，并且积极主动与老师交流探讨，利用自己所学知识进行创新创业或者参加各类学科知识竞赛。但是也不乏一些学生上课效率低，主要因为：① 英语底子薄弱，不想花时间去学商务英语，混一个及格和毕业证的想法占上风。② 手机给予他们太多可以链接世界的机会，远比局限的课堂精彩丰富。因此，课堂上常出现的状况就是积极的同学霸占了整个课堂的互动，不积极的同学则是时而低头玩手机，时而抬头走神，一节课能听进去的知识微乎其微。③ 现在很多学生喜欢买二手教材，但是商务英语课程通常有大量练习需要完成，二手教材上面都记满了笔记，习题也都被完成，学生上课就会感觉无事可做，听课效率也会大打折扣。④ 上课带笔记本的学生越来越少，很多学生只带一支笔、一本书，甚至笔都不带。这些是大学课堂管理存在的问题，大学确实是开放包容的，所以很少有老师会去检查学生的笔记，这对于自觉性差的孩子来说就是偷懒的机会，他们会认为做笔记和不做笔记并没有什么区别，期末考试全靠临时抱佛脚。⑤能够全程积极投入课堂思考的学生不多,学生喜欢被动地接受知识,喜欢老师一个人讲,对于一些启发性的问题懒得思考,认为那与自己考试成绩无关,与自己找工作无关。课堂反映出来的种种问题归根结底是学生思想意识的问题,是教师课堂管理策略的问题,因此在教学过程中教师要积极采取有效的课堂管理方法,做好学生思想的引路人,让他们重视课堂,尊重老师的劳动成果,珍惜父母的血汗钱,珍重自己宝贵的青春。

除了时空固定的课堂外,学生课后学习状态也是值得关注的一个问题。笔者通过调研交流得知,大部分应用型本科院校是新建校区,硬件环境不错,但是学生似乎课后主动去图书馆和教室学习的较少,多半是在期末考试之前才去学习,或者考研的学生才会坚持学习。他们缺少较为清晰的学业规划,不知道自己要学什么,更不知道自己学的将来能有何用处。学生对于发展个人兴趣爱好的意识也非常淡薄,大概因为初高中学习把他们的兴趣爱好给压抑了。

对于实践课程,大部分学生能够保持新鲜感和好奇心,因为实践课程需要将自己的知识转化为成果,他们能够较好地完成。对于去校外实习基地实习学生也都非常热情,他们渴望看到真实的办公环境,他们希望自己将来能有机会进入写字楼办公,所以进入企业后他们都能够认真观察学习。还有的学生去企业顶岗实习,他们有着较强的学习动机和就业欲望,所以会非常珍惜实习岗位,与用人单位沟通良好。

总的来看,无论是实践教学、理论教学还是学生的课后学习,学生自主学习的能力较弱,通常需要引导。但也不是应用型本科院校商务英语专业的学生就一无是处,也不是他们的学习状况糟糕到无法想象,只是他们独具个性,需要有适合他们的方法来引领。

应用型本科院校的学生在基础知识方面确实略差,但是大部分学生对于应急事件反应通常比较灵敏,能够尊师重教。他们对于新鲜事物有着强烈的好奇心,他们乐于探索新鲜领域。比如,笔者在观察商务英语专业的学生时发现,比起学英语,他们更喜欢钻研当下的新媒体。有的同学乐于学摄影,有的乐于写文案发朋友圈,有的喜欢研究网络上的新品并分析其营销手段,他们喜欢利用网络去寻找自己所需要的资源,具有较强的信息获取能力。上课的时候他们不太喜欢单一的填鸭式教学,他们更喜欢互动式、趣味十足的教学方法。当然，他们也极度需要肯定和鼓励，如果老师能给予他们对应的平时分数奖励或者小礼品，他们会非常开心，并且还愿意在后续的课堂中继续分享。他们还喜欢跟老师一起形成学习共同体，乐称要做老师的"学习搭子"。由此可以看出，这些学生性格活泼、思维敏捷，而教师需要多了解学生、多了解学生的世界，这样才能与他们有共同语言。当然，在应用型本科院校商务英语专业中也有一部分学生的英语基础较好，学习较为自律，有着更高的学业追求。他们的目标是考研究生或者考公考编，所以在专业学习上对老师的期待较高，他们的焦点在于学习扎实的专业知识，拥有较强的听、说、读、写、译的能力。因此，教师在具体的教学过程中通常会注意分层教学，满足这类学生较高的学业追求。

总之，对于应用型本科院校商务英语专业的学生来说，由于较低的自律性和较弱的学习动机，他们在自主学习方面表现得不如研究型本科院校的学生。可以说，在大学这个开放包容的环境下，学生表现的差异性较大。少数同学往高端学术型发展，大部分同学主要是向实践方向发展，拥有敏捷的思维以及灵活的处事能力。

3.4 教材建设现状

教材是教师教学和学生学习的重要载体。随着商务英语专业的发展，国内商务英语教材出版的数量不断增加，2012 年商务英语专业被确定为目录内专业后，商务英语专业教材的规范化建设也备受重视。2018 年《国标》颁布，商务英语专业核心课程教材的建设有了更明确的方向。近几年教材类型逐渐增多，其结构体系日趋成熟。当前，商务英语专业的教材进入了全新改版阶段，既要凸显专业知识，还要彰显中国智慧和中国力量。因此，在不少商务英语教材中都注入了价值目标，嵌入了中国故事的内容。2020 年，《普通高等学校本科外国语言文学类专业教学指南》（以下简称《指南》）出台之后，加上当时全球突发事件的发生，数字化赋能商务英语专业教材建设的力度更进了一步。90% 以上商务英语专业教材都含有完备的数字化课件等。目前市面上的教材具备以下特征：

（1）坚持价值引领、知识传授的理念。新时期商务英语教材撰写过程中在教材主题确立、内容选取、语言表达等方面都能做到严格把关，对于产生歧义的字词句、图片等都进行严格审查。课本内容坚持中西结合，没有一味为了引入原版素材而放弃中国故事的讲述。所有素材都是结合中国国情和学情加以改编，突出教材的内涵建设，确保教材内容的思想性和正能量。比如，现在《商务英语阅读》《商务英语口语》《综合商务英语》等教材中都有中国元素的内容，且所选的素材都要求有正确的价值导向，包括图片的选择、标题等，每年都会进行逐一审核。同时，近两年为了扎实推进三进工作，还出版了"理解当代中国系列"教材。该系列教材通过阅读、写作、演讲等课程将中国故事真实地呈现在读者面前。该系列教材语言准确且富有感召力，让当代学生在学习这些教材的时候有一种不言而喻的自豪感，让他们在日复一日的学习中树立起中国特色社会主义道路自信、理论自信、制度自信、文化自信，让他们能够更全面了解中国的制度，并且能够学好地道的表述方式，为日后向世界讲述中国故事奠定基础。再比如王立非教授主编的《商务英语综合教程》，该教材在内容设计上结构合理，且富含丰富的知识，有篇章学习、知识技能学习、商务技能、案例分析、习题等板块，涵盖了听、说、读、写、译技能的全方位训练，课文内容语言优美精炼，是学生阅读的佳品，且包含了众多考试的词汇短语。在选材上，每个单元都有清晰的主题，这些主题又与中国和世界的发展有着密切的关系，如生态环保、人类命运共同体、中美贸易、世界秩序、垄断等，每一个主题都有着丰富的思政元素，教师充分利用素材进行深度挖掘，就可以上出一堂价值引领到位、知识内涵丰富的英语课。再比如中国人民大学出版社最新出版的《商务英语阅读》教材，该教材在选材上特别注重知识性与思想性相统一的原则。其中一篇课文内容为商务知识类的阅读，另一篇则为中国元素的素材，涵盖中国商业的发展、信息技术的发展、产品的迭代、人力市场的变化等，让学生看到了一个现代化的中国，也了解到了现代商业的一些基本原则、伦理。并且根据每个单元的主题，在最后增加了党的二十大报告中相关的金句，供学生学习使用。习题设计方面紧扣专四考试题型和商务英语知识竞赛题型，让学生能够在日常的课程中掌握相关考试和学科竞赛的技巧。市面上此类商务英语教材举不胜举，这也是时代发展的产物，相比十年前的商务英语教材，现在的教材质量更高、可读性更强、实用性更好。

（2）商务英语专业教材相对齐全，涵盖种类多，包括商务综合英语、翻译、写作、阅读、听说、商务知识、实践教学、商务备考等多种类型，足以满足教学的需求。一些知名出版社出版了商务英语系列教材，比如外语教学与研究出版社的"高级商务英语系列教材"和"新标准商务英语教程"、上海外语教育出版社出版的"新世纪商务英语专业本科系列教材"和中国人民大学出版社的"高职高专商务英语实训系列教材"等，多由业内知名专家主编、一线优秀教师参编。教材的更新上不仅注重知识的难易递进、前后衔接等问题，还注重引导学生正确的价值观、培养学生的思辨创新能力和自主学习能力。就知识而言，《商务英语综合教程》都注重语言、文化与商务的有机融合，且在不同分册按照不同的比例设置。《商务英语综合教程》更新较快，能够有效融入当下的社会经济热点话题，让学生了解当前的国际形势、知晓相关的商业规则。2023年上海外语教育出版社发布的商务英语专业课程体系可以选择的教材涵盖了专业核心课程、专业方向课程和实践教学环节的主要用书，甚至还有工具书，能够为各个学校商务英语专业的课程建设提供丰富的资源。教材的编撰聚集了商务英语专业的学术专家，还有外籍教师的参与，保障了教材的权威性。商务英语专业开设的每门课程都有配套的教材，有的还有两套教材可供选择，比如《商务英语写作》课程。关于跨境电商的课程，教材分类清晰且详细，有《国际贸易合同简明教程》《国际支付简明教程》《国际知识产权简明教程》《国际商务谈判实战教程》《国际商务谈判》《跨国合资企业》《国际商业伦理+实践教程》《国际商务合同+实践教程》《国际经济学+实践教程》《国际知识产权+实践教程》《国际营销+实践教程》《国际支付+实践教程》。这些教材可以说涵盖了整个跨境电商的所有流程，还配备了实践教程。相较外教社的图书资源，外研社在商务英语专业方面的资源显得略少，但是专业核心课程的资源比较齐全，涵盖了听、说、读、写、译的教材，且都是由行业的权威专家主编。但从这两家出版社来看，商务英语的教材建设已经做到面面俱到、种类繁多。

（3）教材结构更合理，配套资源更丰富。市面上的商务英语教材能够按照新文科建设的要求，凸显专业知识的重点，体现多学科融合的特点，聚焦中国目标，把外语教材写在中国大地上。以王立非教授主编、上海外语教育出版社出版的《商务综合英语3》教程为例。该教材第1版于2011

年出版。笔者 2012 年使用过该教材，当时课本配套的资源不全面，教师备课量大，而当时的网络资源也不够丰富，而且课本内容对于学生来说也是较难的。2018 年该书的第 2 版上市，教材结构、课文内容、习题设置、配套资源等方面都有极大的改善。教师上课相对轻松了很多，有丰富的配套资源支持，学生也能够进行深入的学习，这给教学提供了极大的便利。2023 年 12 月该书的智慧版上市，对第 2 版的教学内容进行了进一步优化，教学课件更加数字化，突出了信息技术的应用，且体现了知识与能力并重的理念，除了英语基础知识的课文学习之外，还专门设置了学习技能和写作技能模块、案例分析等内容，这些都为学生的深度学习提供了丰富的素材。从外研社和外教社的商务英语图书资料来看，两家出版社在电子资源建设方面都配备了电子课件，且有的教材配备了智慧课件，配套的音频、视频丰富，为教师上课开展教学活动提供了便利，学生学习也更有方向感；在教材编写上也是全方位考虑了商务职场的各种情景，有利于教师开展情景式教学。

  从学生对教材的满意度来看，现有教材还存在不少问题。主要问题表现为：理论太多，实践太少，实用性稍差，内容陈旧跟不上时代。市面上的商务英语教材横向维度上注重语言、商务技能、文化三大模块的设置与衔接，纵向维度上按照不同的层次分级开发，比如针对研究生、本科生和专科生设计不同难度的内容，低年级和高年级教学内容也形成难度梯度，空间维度上开发了多种电子资源、电子课本、慕课教材等，为线上线下教学提供便利，但是教材的种类繁多，对于应用型本科院校来讲教材的选择较为尴尬。应用型本科院校学生普遍英语基础知识比双一流本科高校学生薄弱，他们自学能力也较弱，但是比起高职高专的学生他们的基础要好很多，但是市面上的教材多为本科生教材、高职高专教材。应用型本科院校往往选取本科生系列教材授课，但有些内容对于学生来说较难，通常需要教师采取多元化教学手段帮助学生。有的教材对于实践技能的应用体现得不够突出，还需要教师设置一些教学环节来培养学生的实践技能。

  从商务英语专业方向的教材来看，市面上关于传统的国际贸易、商务谈判的教材较多，教师上课能够有更多的选择。但是对于新兴的跨境电商方向的教材选择余地相对较小。另外，很多教材是全英文版，对于应用型本科院校的学生来说学起来比较吃力，他们更希望通过这些课程学到技能而不是英语知识。比如,"跨境电商概论"这门课程其实目的是开启学生对跨境电商的初步认识,了解跨境电商发展趋势等内容,但是选择权威的又适合基础较弱的应用型本科院校学生的教材就较为困难。有的教材配套资源不全,老师备课的难度就会增加很多,涉及具体的案例或者场景时,教师得花费大量的时间去寻找素材。还有实践性较强的跨境电商办公软件应用和PS,市面上也很难有一本教材能把这两门课程讲解清楚的,因为信息化发展速度太快,编写出版这样的书籍需要时间。没有教材,教师上课的难度更大,通常需要自己去寻找很多网络资源和最新书籍,最后整理成适合本校学生的上课资料。当然,针对此类实践性较强的课程,一些职业培训机构有虚拟仿真软件,可以购买使用或者用校企合作共享等方式解决。

综合来看,商务英语专业的教材建设上关于英语技能的课程教材配套齐全、资源丰富、质量上乘,能够较好满足本科商务英语专业的教学。但是对于方向类的课程,教材建设还有一定的提升空间,尤其是实践性强的课程,还是需要一些教材的支撑。在数字化赋能时代,近年来教材开始专注于数字化产品,如建设智慧课件。但是对于某些独立学院,他们整体办学硬件条件较差,智慧课件在教室里无法播放,教师还得花大量的时间全部重新制作课件,耗时较多。因此,教材后期的配套资源需要能够充分考虑办学实际,提供传统课件和新型智慧课件,让老师能够有所选择。整体来看,目前教材建设已经非常不错,这也是商务英语专家学者们倾注了大量心血的结果。笔者希望在后期的商务英语专业教材建设上多咨询应用型本科院校一线教师的想法,对学生的能力水平进行测评,从而编写出更多符合应用型本科院校商务英语专业的教材。

3.5 实践教学资源建设现状

随着新文科教育的持续推进,教育部高度重视应用型本科院校实践教学,实践教学也成了应用型本科院校高度重视的教学环节。近些年来,各个高校采取了不同方式开展实践教学,即使在疫情防控期间依然克服重重困难开展实践教学。实践教学与传统的课堂教学不同,实践教学不能仅仅依靠一本教材、一间教室、一套课件来解决学生的学习问题,实践教学需要有配套的实践教学资源作为支撑,还要有完善的实施方案作为指导。通过文献资料和对部分应用型本科院校调研发现，目前实践教学资源的建设途径和建设成效如下。

校内资源的建设主要包括商务英语实验室的建设和部分商务软件的应用，多采用仿真模拟软件。比较典型的商务软件平台包括 TMT（Teach Me Trade）和 Sim Trade，还有亿学教育集团的各类仿真实训软件，无论哪种软件，其设计理念大致相仿，受训的学生依据外贸业务流程和具体环节，代表进口商（出口商）业务员或相关工作岗位进行外贸业务操作，通常学生只需要按照软件的提示一步步操作就可以完成任务。这种模式相对比较机械，学生无法真实体验实际商务贸易过程中的严谨、烦琐和风险，导致学生日后走向工作岗位后依然有诸多不适应，因此对实际工作指导意义不大。同时，仿真操作中利益驱动不强也会让学生感受不到职场实实在在的压力和各种风险，也无法锻炼学生灵活处理事务的能力。模拟实训主要是简化版的实战，省略或丢失了职场中的灵活性、真实性、多变性、复杂性等多种元素和信息。还有部分学校在践行"课赛证训岗"的实践教学模式，在实践教学中会融入职业证书考核的内容，比如跨境电商数据运营师等，将和阿里巴巴国际站合作的多种证书融入实践教学，通过使用阿里巴巴国际站的软件等进行操作。有的学校对翻译感兴趣的同学较多，校内资源建设方面也会充分利用社会大型翻译公司的企业数据库对学生进行实战训练。比如，有的公司能够给学校提供订制化的实习服务，根据行业需求开设不同的实操项目，让学生了解真实的翻译流程、项目管理等内容，并且进行不同内容的训练，后台也会对学生的实战进行记录考核，这也是进行软件合作的资源。有的学校根据岗位群的特点，秉持多功能和资源共享机制，按照实践课程内容要求，建立了功能和设施完备的校内实训室，包括商务文秘室、商务口译技能训练室、商务ICT实训室、国外文化体验室、仿真新闻发布厅等，并配备了先进科学的硬件系统，能较好地满足各类语言及商务实践课程的需要，让学生能够在仿真的商务环境中锻炼自己的综合应用能力，为校外的实习奠定基础。

校外实践教学资源通常是指学生实地参观和上岗的实习基地。大型的校外资源的建设目前是商务英语专业的痛点。因为一个正常运行的企业很难在短时间内接收大批量的实习生，而寻求大量的企业实习对于学校来说也比较艰难。目前，商务英语专业校外实践教学基地主要为外贸、跨境电商、翻译、商务接待、文案写作、新媒体营销、助教等岗位，涉及的行业也较为广泛，几乎每个企业都需要有商务的活动，商务英语专业学生都可以入行去锻炼相应的本领。当然，还有部分学校允许学生进行自主实习，学生会利用家庭资源、网络资源等为自己谋求一份实习的工作，实际上寻求实习工作的过程也是对学生能力的一种考量，比如沟通能力、抗挫能力。有的学生社恐，害怕自己去找工作，等待学校安排甚至有躺平的心态。因此，学校在校外资源建设过程中一方面通过教师的能力和资源拓宽实践教学资源，另一方面应该充分调动在校生寻求实践资源的兴趣、校友提供实践资源的热情。只有上下齐心协力，校内校外共同联动，才可以拓宽就业渠道，增加实践教学资源。很多学校每年都去寻找和联系合适的学校和公司，这需要花费不少精力，而学生无法在短时间内对整个实习过程全面了解，实际教学效果达不到预期目的，有时候还损害了学校在企业心中的形象。为了避免这种事情的发生，在校外实习之前学校还需要对学生进行安全、责任意识等方面的教育，培养学生务实肯干、乐于吃苦、敢于创造的精神。为了避免同时间段内学生扎堆，学校可以与企业沟通，建立校内开放式的实验实习教学基地，可以打破原先只能在固定时间进行有限项目实习的弊端，让学生随着课程的进展随时去参观，同时将过去设限的实习改为主动参与实习，从而不断提高学生的动手能力、创新能力和综合能力，实现全面提高学生综合素质和能力的目的。当然，在参与实习基地的具体工作中，应努力做到实践教学环节与具体工作相结合，进行有目的的实际训练，有针对性地提高学生某方面的技能或者能力。

校内、校外的实践教学资源大部分是通过校企合作的模式获取的，但是相当一部分校企合作受到安全性、人力资源、资金、利益等因素影响，仅签署合作协议，没有进行深度合作，也难以进行实质性的推进。在这种情况下，学校很难将企业的指导人员或企业项目引入实践能力培养体系之中，也难以将学生输送到企业进行实习。同时，校内外的实践教学资源不足、功能单一、结构不全、运作不畅等多种原因导致学生的商务实战能力不强。由于商务英语专业为文科专业，在一些理工科为主的学校并没有受到足够的重视，因此学校对商务英语专业的校内外实训基地的建设往往重视不够、投入不足，缺少专业化的实训室，对商务英语专业的人才培养不利。许多学校由于经费等因素，在校内实训基地的数量及设备条件上也难以满足实践教学的需要；由于企业规模及商业秘密等原因，校外实训基地建设缓慢或流于形式。另外，已建成的校内外实训基地有未充分利用和管理不善等问题。

　　面对上述困难，一些学校通过校友会、有关政府机构、行业协会等渠道联系大量与商务英语专业岗位群相关的长期的实习基地，如国际酒店、外贸公司、翻译协会、地方商会、船务公司、会展中心、市外事办、家具协会等。一些积极与国外的合作院校及企业联系，组织部分学生寒暑假去国外参加商务课程的学习和实践，参观国外的公司和企业，让学生了解商务英语专业的发展前景，培养学生的跨文化意识和国际化意识。还有一些为了克服实践资源的局限性，采取分散和集中相结合的实习形式，让学生自主寻求实习岗位，并且接收学校的统一监管，校内教师会不定期进行企业走访检查学生的实习情况。在实训期间，学生接受企业的统一培训、管理与考核，深度体验企业文化。通过校外实训，学生将理论与实践有机结合起来，既学习了职业技能，还加深了对企业的认识和了解，丰富了工作经验和生活阅历。同时，通过实习活动，也增加了学生与企业的相互了解，拓宽了学生的就业渠道，开拓了企业招人通道，形成校企双赢的局面。总的来说，拓展实践教学资源的道路永无止境，尤其应用型商务英语专业要加大与地方招商局、商务部、商会等单位的联系，畅通信息获取的渠道，不断拓宽实践教学基地，并且开展深度合作，比如以开设订单班等方式实现人才的高质量培养。可以加强与沿海地带对商务英语专业需求量大的外贸商会的合作，通过此渠道可以实现更多学生的实习就业，获取安全可靠的就业实习资源，或者根据企业需求将某些课程植入人才培养方案之中。

4. 商务英语人才培养的理论基础

4.1 "三全育人"教育教学理念

2018年5月，教育部办公厅发布的《关于开展"三全育人"综合改革试点工作的通知》要求，各地要分类开展"三全育人"综合改革试点工作，从宏观、中观、微观各个层面，着力构建一体化育人体系。高等教育推进"三全育人"，归根结底是要把"立德树人"融入各环节、各领域、各方面，系统地把握育人核心，最大限度地挖掘现有及潜在的德育教育资源，全员、全过程、全方位地锻造堪当民族复兴大任的时代新人。具体来说，"全员育人"指的是教育相关的学生本人、家庭成员、学校教职员工、社会力量等参与的育人支持系统，也是具有能动性的育人要素；"全过程育人"强调了时间上和空间上纵横交错的育人状态，在时间上涵盖了学生从入学到毕业的整个时间段，空间上覆盖了学生的教育教学、管理和资助帮扶等各个环节，其特点是具有可塑性；"全方位育人"指的是充分利用校内外各种资源，在教育的各个场域，包括第一课堂、第二课堂、网络空间等，对学生进行德育、智育、体育、美育、劳育的全面育人指向，强调育人成效的全面性。

"全员育人"的实现就是要加强高校全体教职工的育人意识，彰显高校每项工作、每个领域的育人功能。为此，学校在人才培养过程中要充分协同各个部门，联动各位分管领导和教师共同制定责任清单，共建价值尺度和工作目标。再根据教职工不同的工作属性、内容范畴、服务对象，建立有差异性和针对性的具体的育人责任清单。要形成"全员育人"的系统合力，关键是要转变教职工的育人思想，探索将"立德树人"要求有效融入不同人员考核的方式和途径,建立科学合理的考核机制,让每位教职工都能够深刻感受到育人的快乐和幸福,形成制度文化,而不是一种形式。

"全过程育人"的育人难点在于如何实现有效衔接。"全过程育人"的实质是要将思想政治工作融入教育教学全过程与学生成长过程。传统意义上,我们认为育人是辅导员班主任的职责,他们是做好学生思想工作的第一责任人,因此很长一段时间导致教学与学生工作形成两张皮。任课教师只知道学生学习成绩好不好,辅导员只知道学生思想行为是否端正、是否积极参加各类社会实践和社团活动,长此以往,学生感受不到教师的育人合力,教师也无法全方位了解学生,无法了解本专业学生培养的全过程。"三全育人"理念的提出让教师们从思想上开始转变育人观念,任课教师之间沟通多了,辅导员与教师直接交流多了,教师和辅导员对学生的关注了解多了,学生在学校的存在感和幸福感就增强了,师生之间的关系更融洽了,这种良性的循环也是"全过程育人"的充分体现。因此,高校的教育教学应该具有一体性,能够无缝对接,各门课程可以通过不同的方式发挥其育人功能。比如,在商务英语专业的实践课程中,教师可以通过以身示范给学生树立正确的职业态度,通过学生活动展示突出学生的学习能力,教学活动设计环节增加体现学生思辨能力和分析能力的素材。

"全方位育人"体现了不同教学方式、学校内部与外部多个育人单位之间的联动协同。比如,教学方式上教师通过线上线下、课内课外等活动对学生进行课程育人。从管理角度讲,管理人员与教师、辅导员、班主任以及学校各个行政部门之间需要联动一体为学生的成人成才保驾护航、指明方向。学校还应与家庭、企业等合作,为学生的成长提供更广阔的舞台、更丰富的资源,实现产教融合、协同育人机制。可以说,"全方位育人"需要兼顾不同层次学生的诉求,形成相对统一的价值追求和实践规范,互为补充,取长补短,发挥各自的优势,让育人体现在培养学生的每一个环节。

了解"三全育人"的内涵是高等教育实现培养人才目标的前提,牢牢把握"三全育人"的时代特征则是实现人才培养目标的充分条件。现代高等教育必须回归"以生为本""德育为先""立德树人"的本质,构建"大思政"的育人格局。"三全育人"的时代特征主要体现在以下几方面:

首先,是全员参与性,这也是"三全育人"理念的核心价值所在。高校中存在不同程度的"重教书、轻育人""重管理、轻育人""重智育、轻德育""重科研、轻教学"等现象与问题。"三全育人"理念的提出则为当前高校应如何有效地解决育人的现实问题提供了新思路。该理念遵循学生成长规律，调动学校、家庭、社会参与到大学生思想政治教育中，形成一个全员参与、责任明确、分工协作的群体，同时发挥各自的优势和积极性，构建一个目标明确、管理有序的育人工作管理体系，切实使校内外的一切教育者都成为学生思想成长的领路人。全员参与能够厚植"人人育人、时时育人、处处育人"的工作意识，增加科学育人的供给，有效应对思想政治工作需求的新变化。

其次，是全过程融入性，这是"三全育人"在时间维度上的优势所在。课堂不是教师育人的唯一场所，学校也不是学生接受教育的唯一场所，思想引领需要贯穿教师教育教学和学生成长成才的全过程。从育人的时间维度来看，根据大学生成长成才的阶段性规律和特点，育人工作应贯穿于大学生学习、成长的全过程，有针对性地制定不同阶段思政教育的中心工作，促进思政教育工作的持续健康发展。

再次，是全方位渗透性，这是"三全育人"的隐性育人功能的独特性体现。思想政治工作不仅有纵向延伸，还有横向拓展的发展态势。从育人的空间维度来看，育人呈现多维空间的不断拓展，形成立体化育人模式。"三全育人"要求将育人的各方面、各领域、各环节有机结合起来，润物细无声地渗透到教育教学及学生学习生活中来，达到春风化雨的效果，不断拓宽育人渠道，有效促进大学生的健康成长以及全面发展。

总而言之，从宏观层面来说，"三全育人"是党和国家推进新时代高校思想政治工作的战略性方针；从中观层面来说，"三全育人"是指高校从责任主体、经费支持、队伍建设、制度保障、评价监督等方面构建的思想政治工作体制机制；从微观层面来说，"三全育人"侧重于指导高校教师将这一理念及方法贯穿教育教学全过程（王艳平，2019）。高校教师应真正从思想上实现转变，清醒意识到自己应有的育人职责，深入把握"三全育人"的核心要领，自觉将"三全育人"的理念融入工作中，切实感受到育人的乐趣。从学校管理层来讲，将"三全育人"制度深入推进到各项工作，并形成明确的考核目标和评价机制，让教师努力做好教育教学工作，这样才能够让教师自愿自觉地为教书育人不断奉献自己的力量。

近些年，我国教育者对"三全育人"在教育教学中的应用进行了较多研究，不仅有其内涵的解读，还有实现路径、育人成效分析等，涉及理论课、实践课。其中，就"三全育人"内涵分析和机制建设研究较多。张睿指出："全员、全过程、全方位育人是高校'大思政'协同视域下提升思想政治教育水平和质量的重要举措。在协同论视域下，'三全育人'具有开放性、非线性和自主性的内涵与特点。高校'三全育人'在协同运行过程中存在着横向协调、纵向链接、有机联动不够等问题。借助协同理论，可以从要素协同、关系协同和空间协同三个维度构建'三全育人'协同效应的理论模型，并从目标系统、调适系统和优化系统三个方面探寻产生协同效应的实施路径。"（张睿，2020）在落实机制上，必须建立联动机制、衔接进阶机制、立体教育机制、督导评价机制等，这样才能真正有效地将"三全育人"的德育理念落到实处，取得更好效果（林毅，2018）。在推进"三全育人"机制上要加强党对高校思想政治工作的全面领导，突出高校党委在"三全育人"体制机制建设中的主体责任；要完善"三全育人"体制机制建设的政策和制度体系；充分调动地方政府和社会力量参与"三全育人"体制机制建设；要统筹协同高校育人资源，系统推进高校"三全育人"体制机制建设（阳素云、成黎明、李正军等，2021）。

关于"三全育人"与课程建设的研究相对前者较少。邹其彦基于对"三全育人"的理解，依托"高级英语"课程思政的优势，提出"三全育人"背景下落实"高级英语"课程思政的路径，即构建以完善"高级英语"课程思政内容为桥梁的"育人主体"，以消除"高级英语"课程思政盲区为目标的"育人时间"，以实施"高级英语"课程思政层层监督为举措的"育人空间"的三个维度的有机统一，促进以"三全育人"为导向的课程思政建设格局不断深入和提升，形成可供同类课程借鉴共享的经验做法（邹其彦，2023）。在"三全育人"理念的指引下，课程思政在大学英语课程群教学实践方面的路径优化可以从四个维度开展：机制维度上，注重大学英语教师对课程思政理念的认同与自身课程思政理论基础的提升；内容维度上，注重教材思政元素的挖掘与外部思政素材的融入；方法维度上，注重课堂教学中思政元素的多模态化呈现；时空维度上，注重把握大学英语课程思政的时效性与场景性（毛现桩，2022）。

对于"三全育人"在人才培养方面的研究也不少，包含诸多可行的实施路径。许翠玲和王明东揭示了加强校企合作、构建"三全"人才培养体系的具体做法：落实职责，打造专兼结合的师资队伍；搭建平台，完善人才培养体系；统筹兼顾，形成"全程育人"机制；做好毕业实习和毕业设计环节（许翠玲、王明东，2019）。汤红娟等坚持"以人为本、立德树人"的育人理念，树立"德育为先、能力为重"的育人质量观，秉持"学通中西、德行天下"的院训，树立理论、比较、创新、协同"四种思维"，围绕学院人才培养中心工作，聚焦学生成长发展，挖掘人才培养中蕴含育人元素和逻辑的资源及条件，提升育人格局。在师范专业认证理念的指导下，构建了"六个三"立体化卓越英语师范生"三全育人"工作体系长效机制，涵盖人才培养中的育人目标定位、协同育人手段、育人队伍、课程体系、实践教学体系和第二课堂等关键要素与环节。河南城建学院探索中外合作办学"三全育人"实践的路径：以学生为中心，汇聚起全员同向发力的人才成长"能量场"；以学习为中心，架设好全程保障无忧的知识补给"充电桩"；以学习效果为中心，铸造成全面加速提升的创新驱动"发动机"（米启超、刘艳杰、杨风岭，2019）。

纵观国内近些年来对"三全育人"理念的研究，一是数量多，二是角度广，三是可操作性强，在外语人才培养方面也提供了不少新思路、新方法，为新文科的建设提供了可持续的动力，为课程建设奠定了坚实的基础。由此可见，"三全育人"理念是人才培养的方向标，是人才培养的中心线，是人才培养的加油站。

4.2 OBE 教育教学理念

基于学习产出的教育模式（缩写为 OBE）最早出现于美国和澳大利亚的基础教育改革。美国学者斯帕蒂·W.D.（Spardy W.D.）将 OBE 定义为"清晰地聚焦和组织教育系统，使之围绕确保学生在未来生活中获得实质性成功的经验"。西澳大利亚教育部门把 OBE 定义为"基于实现学生特定学习产出的教育过程"。教育结构和课程被视为手段而非目的。如果它们无法为培养学生特定能力做出贡献，它们就要被重建。当前，OBE 教育教学理念已经成为我国教育改革的一个热词，正是因为 OBE 教育教学理念强调学生受教育后获得什么能力和能够做什么，一切教育活动、教学过程和课程设计都是围绕实现学生预期的学习结果，这与我国当下教育教学改革要以学生为中心、以市场需求为导向的理念不谋而合。就业是最大的民生，高校培养的人才如果无法顺利进入就业市场，那么人才培养势必存在某些问题，所以根据市场需求反向设计人才培养体系，更有利于挖掘学生的潜能，培养学生的就业竞争力。

所有学习者均成功是OBE教育教学理念的基本原理。该理念认为每个学生都有潜能，教育者要成为善于发现伯乐的人，帮助学生成才。斯帕蒂·W.D. 提出的OBE包括五个方面，即一个执行范例、两个关键目标、三个关键前提、四个执行原则以及五个实施要点。"一个执行范例"是指在具体实施教育教学方案前有一个明确的目标和愿景，并有清晰的框架，要预测学生在学完课程或者专业之后能够达到何种能力，教师又如何围绕最后学生拟达到的目标设计教学、组织课堂、评价学生等。"两个关键目标"是指构建成果以及营造成功情境与机会。成果是指学生毕业时应当具有的知识、能力与价值追求，而营造成功情境与机会是实现成果的必要条件。"三个关键前提"是"学校的各项工作将直接影响学生的学习""所有的学生均能学习并获得成功""成功学习能够促进更成功的学习"。OBE教育教学理念有"四个执行原则"：一是聚焦重要的有价值的成果；二是自上而下进行创设；三是期待所有的学生获得成功；四是扩展机会，实现增强成果学习的机遇。"五个实施要点"是指明确学习成果、建构课程体系、明晰教学策略、形成自我参照评价以及逐级到达顶峰五个层面。OBE教育教学理念的成功运行需要外部质量保障体系、学校内部质量保障体系和自保障体系三个系统的循环往复。OBE教育教学理念在学校内外质量保障体系之外，关键是具有一种自保障机制。

OBE教育教学理念内涵包括教育目标理论、能力本位教育、精熟教育以及标准参照评量（申大恩，2016）。从内涵不难看出，OBE教育教学理念的最核心要素为：① 学生中心。教学资源配置应该以保证学生学习目标的达成为准则；教学设计应该围绕学生的发展来确定，以学生在知识、能力、素质方面达到标准为准则；评价与质量保障应该以学生的学习成果为准则。指向不是个别的优秀学生，而是面向全体学生。② 产出导向。专业培养体系设计流程基于目标导向而形成，毕业要求基于培养目标而确定，再由毕业要求设计课程体系，由课程体系提出教学要求，由教学要求决定教学内容，由此形成教学评价，教学评价反过来再指向毕业要求，从而形成闭合的校内循环体系;同时,教学评价结合国家及社会教育发展需求、行业产业发展及职场需求等,形成校外的循环体系。③可持续改进。OBE教育教学理念要求对培养目标、毕业要求和教学环节都要进行评价,要建立综合评价的机制和运行周期;参与评价的应该包含每一个教学参与者;评价的结果也必须用于对培养目标、毕业要求和教学环节的改进;通过综合评价,形成促进专业可持续改进的良性循环。

姜波老师在论文《OBE:以结果为基础的教育》中对OBE教育教学的内涵进行了阐述,包括两个关键目标和四大原则。其中,两大关键目标为确保所有的学生在他们离开教育系统时拥有成功所需要的知识、能力,以及架构并控制学校以便那些结果能被所有的学生达成。四大原则为:①明确地聚焦于最终有意义的结果;②为成功扩大机会并提供支援;③对所有成功寄予较高的期待;④从最终的结果反向设计(姜波,2003)。

由此可以看出,OBE教育教学理念设计人才培养体系的关键在于培养的学生毕业的时候拥有职场所需的知识和能力,让人才培养目标落到实处,让学生能够体会到学有所成的幸福。当然,在进行OBE教育教学理念设计人才培养的过程中不是随性地生搬硬套其他学校的体系,而是要结合本校学生的实际情况,再充分考虑人才培养体系的设计。学校人才培养体系的顶层设计者必须明确聚焦于他们希望学生最终能成功地做什么。然后指导任课教师以那些"最终的结果"作为一致的基础制订出教学计划、评价方式以及记录学生成长的手册。这要求老师将每个学生最终的学习成功牢记在心并且以它作为指导、评估的极其重要的因素。老师和学生时刻知道他们正在努力达到什么结果。当教师能够看到学生在自己的教学设计之下逐步成为目标中的那个学生时,还应进行反思总结,从而不断持续优化教学设计。当然,五个手指有长短,每个学生的成长速度不一样,接受能力有差异,个人追求亦不同,因此教师在设计教学的过程中也要有差异性,可以让优秀的学生更卓越,给予他们更高层次的尝试机会,这也是OBE教育教学理念的一个特征:可以灵活地来指导学生达到其需求。这也是后文提到的导师制的理论基础。对于学生的输出考核要有明确的尺度,优秀者的标准更高,这也是给予学生具有挑战性和差异性的激励方式,比如每年想获取国家奖学金的学生就需要有非常严格的标准和要求。人才培养体系和各门课程的教学设计需要依据培养结果进行不断的调整,也就是应用反向

/ 4. 商务英语人才培养的理论基础 /

设计原则,要通过对毕业生、用人单位和教师进行调研后再系统进行优化。也就是说,OBE教育教学理念实际上为人才培养提供了源源不断的动力,让教学成为一潭活水,为学生的成长注入活力,为教师的终身学习注入动力。

OBE教育教学理念给我国高校的教育带来如下的范式转变。① 方法论意义的转型,即从单向自闭到关系支撑、从模糊认定到证据证明、从线性推进到循环改进、从竞争排他到协作沟通的转型。② 在质量保障体系方面也进行了重构:保障主体从专门机构转向多方协作;质量评价从教务属性转向教育属性;质量保障从节点式管理转向过程式管理;质量认定从管理者转向任课教师;质量绩效从资源投入转向资源整合。正是因为OBE教育教学理念给高等教育带来了这些转变,所以在我国也有不少专家学者研究OBE教育教学理念在高等教育中的应用。

在我国,关于OBE教育教学理念的研究也不在少数,涉及多个学科领域,涵盖理论课程和实践课程的设计、专业课程和通识课程的设计。周春月等提出了基于OBE的教学设计理念,以及"项目导向,学生为主,教师为辅,校企合作"的本科生毕业实习创新模式(周春月,2016)。凤权提出了在进行OBE教育教学理念的教学设计时需要考虑学生预期学习成果、OBE教育教学理念的核心学习成果的考核体系,以及完善应用型人才实践教学体系几个方面,从而真正培养出适应社会和市场需求的实用型、技术型的应用型人才(凤权,2016)。周春月的研究探讨了基于OBE教育教学理念的基本技能、综合应用能力、工程实践与创新能力几个阶梯层次的实验教学优化设计和多元化考核模式。通过将OBE教育教学理念引入实践环节,以学习结果驱动取代传统的教学内容驱动,形成持续改进的质量保障机制(周春月、刘颖、张洪婷等,2016)。

刘衍聪等提出了遵循OBE教育教学理念的内涵主旨和实施要素,以行业标准引领设计人才培养方案为主导,以实践应用的价值取向重构课程体系为核心,以校企合作创新人才培养模式为关键,构建应用技术型人才培养方案的框架体系,有助于形成并提升应用技术型人才培养的特色和质量,以真正满足经济社会发展的实际需求(刘衍聪、李军,2018)。颜小英(2018)指出,互联网技术的发展改变了世界贸易方式,商务人才的社会需求较以前大不相同。传统的商务英语专业人才培养方案已经不符合互联网时代的贸易需求，需要根据互联网跨境电商行业实际重新制订。因此，OBE教育教学理念为商务英语专业人才培养方案的制订提供了可行的理论基础，结合跨境电商实际需求，采用反向设计的原则重新制订了符合行业（社会）实际需求的商务英语专业人才培养方案。刘衍聪、李军等（2018）指出，应用技术型大学的人才培养具有其自身的基本特征，旨在通过专业教育培养能够满足行业需求的贯通应用工程型与应用技能型两种应用型教育的工程技术型人才。这种对学生学以致用的能力要求与OBE教育教学理念的核心理念不谋而合。魏黎（2022）指出，人才培养是专业建设的核心环节之一，当前高校商务英语专业人才培养体系并不完善。OBE教育教学理念以"成果为导向，以学生为中心"，能够为商务英语专业人才培养起到指导作用。因此，宜从人才培养目标（aim）、内容（content）、路径（route）与评价（evaluation）四个方面出发，构建商务英语专业人才培养体系。

我国对OBE教育教学理念的应用研究涉及各个学科，涵盖了总体的人才培养方案的设计、具体的理论课程和实践课程的设计。这充分说明了OBE教育教学理念的核心内涵非常有助于人才培养方案的制订，能够突出以市场需求为导向的人才培养理念，做到人才培养的质量与社会需求高度统一。尤其在应用型人才培养中，OBE教育教学理念运用的频率更高，因为在OBE教育教学理念下的应用型人才培养理念打破了传统的教育理念，能提升学生能力。在教育的过程中，不仅设计了科学合理的教学方法，帮助学生比较系统地掌握专业理论知识和专业技能，还注重培养学生自身处理问题和解决问题的能力，同时注重学生的职业素养的提升，保证实践教学的质量，真正培养出适应社会和市场需求的实用型、技术型的应用型人才。OBE教育教学理念与应用型人才培养结合是一种新型的人才培养模式，未来还需要在教学实践过程中对具体的做法和措施逐步摸索并不断地改进与完善，从而形成一个比较系统、完善的应用型人才培养新模式。由此可以得出结论：OBE教育教学理念的应用能够为应用型商务英语人才培养提供理论支撑，有助于形成更加贴合社会需求的人才培养体系，从而提高应用型商务英语人才培养的质量。

4.3 "生态化育人"教育教学理念

《现代汉语词典》中这样定义"生态"：生物在一定的自然环境生存和发展的状态，也指生物的生理特性和生活习性。早在1858年，"生态"一词就诞生了，当时主要指的是对住所或栖息地的研究。但是到了1932年，美国教育学家沃勒将这一词语与教学联系起来。她认为课堂就是一个完整的生态系统，参与其中的人和物构成了生态系统的各个要素，并且这些要素相互作用，与自然界的生态极为相似，从此"课堂生态学"这一概念被引入教学领域。20世纪60—70年代，英国教育家阿什比提出了"高等教育生态学"这一概念，美国可雷明提出"生态教育学"。进入20世纪80年代，教育继续向纵深发展。美国古德兰进一步提出了"文化生态系统"的概念，自此"生态学"逐步在教育研究的各个领域中得到推广和应用。

在我国，也有多位学者对生态学进行研究。根据生态学的观念，生态系统内的因子有机相连、相互作用，具有能量转换、物质循环代谢和信息传递的功能（孙芙蓉、谢利民，2006）。教育生态学是一个新兴的交叉研究领域，教育也是一个由多种因子有机相连的生态系统，生态因子对教育的发展起着促进作用，研究教育与其生态环境进化的原理和机制，研究教育与其生态环境之间相互作用的机理和规律（唐淑敏，2012）。正如生态系统是一个相互联系、相互作用的体系一样，生态化的教学也应该是各个要素相互联系的教学。教学的主体不仅是教师，更应该包含学生。生态系统有"生物链"，在教学体系中，教师、学生和所学的知识也应该形成一个完整的、可循环的"教学链"。

基于生态学的基本内涵，也有教师提出了生态化课堂构建的具体策略。随着互联网对外语教学产生的深刻影响，外语教学本身就是一个由许多相互联系和相互作用的要素构成的生态系统。李华提出了以下四种策略：① 发挥课堂生态中限制因子的能动作用，营造和谐的生态环境。② 树立开放意识，构建开放型课堂体系。开放型课堂体系要求我们树立开放意识，避免"花盆效应"，从而实现课堂生态系统的可持续发展。③ 构建课堂主体和谐、互动的仿生模式。教师和学生是课堂生态系统的主体。④ 建立可持续发展的课堂模式。通过开发系统的教学资源，改变单一的教学方式。

（李华，2014）冯红根据生态化理念，提出在构建英语阅读课堂时要远离"花盆效应"，构建生态化班级，还学生生态化人文环境，营造学生健康成长的绿色教育生态。用系统观、整体观、动态观、发展观来研究课堂教学，分析课堂教学的构成要素、特征及其相互关系，从而优化课堂生态的结构，改善课堂生态的功能，提高课堂教学的质量（冯红，2012）。

英语生态化教学模式是基于生态学原理对英语教学模式的探究，包括对英语教学生态系统中各生态因子（教师、学生、语料、课堂环境）的研究，以及各生态因子间关系的研究。生态学基本原理主要包括物质循环再生原理、物种多样性原理、协调与平衡原理、整体性原理、系统学和工程学原理五个方面。在此基础上衍生的生态化的教学模式具有动态性、多样性、和谐性的特征。生态化教学模式不是对传统任务型教学模式、情景教学模式、故事教学模式等的颠覆，而是在传统教学模式基础上的升华。传统的教学模式难以解决二语习得过程中学习者产生的语言焦虑，难以引导学生自主深度学习，难以落实科学的教、学、评一体化。在"多元和谐，交互共生"生态哲学观指导下的科学的、与时俱进的生态化教学模式可多方位、多层次地彰显英语教学的功能性。在英语教学中采取生态化教学模式是新时代英语教学发展的新需求，也是更科学高效贯穿四个核心素养于教学实践的重要举措。英语生态化教学模式遵循的相关理念是：专业基础培养＋专业技能培养＋创新创业教育与实践。"专业基础培养＋专业技能培养"指的是英语语言的综合应用能力与商务专业核心两大模块的有机整合。创新创业教育与实践指的是专业知识技能与素质教育相结合、理论教学与实践教学相结合、课程教学与职业资格证书相结合。

外语教学是由许多相互联系和相互作用的因子按照一定层次和结构组成并具有特定功能的系统，是一种生态系统，是各种因子（教师、学生、管理人员、教学模式、信息技术、方法手段等）与环境相互作用的具有能量转换和信息传递功能的统一体。从生态学的角度理解具有兼容系统内部各要素特征与调节各要素间关系的功能——这是生态环境的特点。理想的外语教学生态环境能使教学结构稳定、教学要素兼容。稳定意味着平衡，而兼容意味着和谐；稳定是目标，兼容是手段。教学层面的生物链由以下要素构成，如计划、要求、目标、材料、内容、方法、媒体、活动等。因此，英语生态化教学模式是基于生态学原理对英语教学模式的探究，包括

4. 商务英语人才培养的理论基础

对英语教学生态系统中各生态因子（教师、学生、语料、课堂环境）的研究，以及各生态因子间关系的研究。英语生态化教学模式颠覆了传统的各种教学模式，是在其基础上的融合创新。传统的教学模式在指导学生进行第二外语的学习时有一些无法解决的问题，比如缓解学习者产生的语言焦虑，引导学生自主深度学习，落实科学的教、学、评一体化。在商务英语教学中采取生态化教学模式是新时代英语教学发展的新需求，更是推进新文科建设的重要举措。

生态化育人模式中的重要主体之一是教师，因此教师的专业化发展对于整个生态化育人起着重要的作用。教师专业发展的生态策略上首先要优化教师生存的生态环境，其次是教师个体也要积极建构生态自我。优化教师生存的生态环境，需要学校提供良好的组织环境，为教师专业发展提供良好的外部环境。通过开展校本培训促进教师专业发展，这是一项易于操作且效果明显的方式，能够让教师将教学实践与教师专业结合起来。学校更清楚本校老师突出的问题，能够针对性地开展相关培训。这种培训不仅可以满足学校和教师的实际需求，还可以促进学校和教师的共同发展。环境还包括文化软环境，因此要建设和谐的教师文化。教师文化是主体性文化的一种表现形式，是教师在教学、科研活动中逐渐形成和发展的价值观念和行为方式，以及教师之间的关系形态。成熟和谐的教师文化表现为具有一定专业精神、敬业精神和融洽的同事关系的氛围，具有共同的教育理念。教师专业精神、敬业精神和融洽的同事关系的形成需要多方努力，主要是相应的分配方式、激励机制和评价机制要科学合理、公开透明；通过集体教研活动加强教师之间的交流学习；加强对教师的人文关怀，教师也是一个自然人，受到家庭和社会各方面的影响，一样需要情绪价值的供给。除了外部的环境，教师个体才是一切问题的根源，教师要积极建构生态自我，并成就生态个体。首先，教师要认知其生态角色。要认识到自己也是一个普通人，有自身的弱点和不足，有自己的喜、怒、哀、乐，所以要学会表达情绪，正确看待自己的不足，不能妄自菲薄，也不能妄自尊大，要积极借助组织环境、群体环境和自身的心理环境，通过持续不断的学习和知识更新，实现自身的专业发展。

课堂是生态化育人的重要场所之一，因此构建课堂生态也十分重要。教师要改变课堂教学理念，真正做到以学生为中心进行教学设计。鼓励学生以主人翁的姿态对待自己的学习，引导和培养学生的学习责任感和自主学习能力，培养其学习意识，改变其学习态度，让学生为自己的学习负责。教学中，教师要合理利用英语教学网络资源。从生态学的角度来看，计算机是课堂生态系统中链接学习者和外界的重要桥梁。计算机网络带来了学习方式的优化，为不同的学习者提供了丰富的资源，还能有效地激发学习者的主观能动性。以网络为支撑的英语教学可不受时间和空间的限制，有利于学生朝自主式学习、个性化学习方向发展，可以通过计算机网络等辅助手段为学生营造出一个真正切合学生需求的语言教学环境，创造主动性教学模式，激发和保持学生学习兴趣和动机。因此，课堂活动要遵循有利于语言学习的原则，且活动本身要符合学习者不同阶段的心理、生理、认知等方面的特点，使他们在愉快、放松、自然、有效的语言环境中学习语言。课堂一定要注重学生学习策略的培养，采取多种教学手段，如阅读、讨论、演讲辩论等，激发学生的创造性思维，共建师生互动模式。为了激发学生的学习自信心，课堂评估一定要科学合理、动态管理，重视形成性评价，给予学生更多表现的机会。

总体来看，生态化模式强调的是整个系统的平衡性、彼此的相互作用，高校作为育人的重要场所，正如一个生态环境，其中人和物之间彼此作用，形成链接，从而确保一切育人机制的顺利落实，确保良好的育人成效。由此可见，该理论能够为应用型商务英语专业的人才培养提供重要的理论支撑，能够为人才培养的具体实施提供思路、明确方向。

/ 5. 应用型商务英语人才培养标准与培养特色 /

5. 应用型商务英语人才培养标准与培养特色

根据联合国教科文组织公布的《国际教育标准分类法》，现代教育培养的人才主要分为学术研究型人才、应用型专门人才和实用型职业技术人才。其中，应用型人才是指能够将学到的专业知识、技能应用于从事的专业生产和专业实践并能转化为社会生产效益的技术或专业人才。随着社会经济的发展和国际格局的变化，商务英语专业的高素质、高质量的应用型技术人才的培养标准也越来越严格。在新文科理念的指引下，应用型商务英语专业人才不仅要具有深厚的英语专业知识，还要具备跨学科知识，拥有较高的专业素养。应用型人才培养本质上是以社会需求为导向，面向国家和区域经济发展需求，全面贯彻以学生为中心、以就业为导向的教育理念的实践。当前，在现代高等教育大众化时代，不再以知识理论的学习和掌握作为检验应用型人才培养质量的唯一价值尺度，而是在此基础上结合企业反馈来评价学校的人才培养是否成功、学校的人才培养体系是否适合市场的需求。人才培养模式实际上是人才培养的目标、规格和方式的有机统一。培养目标要清晰，培养规格要具体，培养过程要精细，培养方式要务实，能够真正帮助学生掌握相应的知识技能，让学生能够学以致用，为企业带来经济效益、创造价值。因此，针对应用型商务英语人才的培养，教育部出台了一系列相关文件指南，帮助高校建立更明确的育人框架。

5.1 应用型商务英语人才培养标准

应用型的商务英语人才须具备一定的英语知识和商务知识，并具备较强的动手能力和较高的素质，这也是新文科建设所提倡的复合型人才。《国标》

指出，复合型外语人才指具有扎实的外语基本功和专业基础知识，拥有深厚的人文素养和家国情怀，国际视野宽广，掌握语言文学和其他相关学科理论与知识，具备良好的跨文化能力、沟通能力与思辨创新能力，能胜任相关领域工作的外语人才。目前，我国复合型外语人才主要分为复合型和复语型两类（蒋洪新，2019）。复合型人才，即"外语＋专业"复合型人才，如"英语＋商务"（商务英语专业/方向）复合型人才，是学科交叉融合培养的复合型外语人才。复语型人才精通两门外语，相关专业有"英语＋法语"形成的英法复语专业等，属于学科内部的交叉融合。以此来看，商务英语人才属于复合型外语人才，是以英语为主、商务知识为辅的专业人才。

《商英指南》将复合型商务英语人才定义为具有扎实的英语基本功、相关商务专业知识、良好的人文素养、中国情怀与国际视野、较强的跨文化能力、商务沟通能力与创新创业能力的人才。需要强调的是，复合型外语人才培养的核心是扎实的外语基本功，外语的主导地位不能被削弱；复合型外语人才培养是"主从复合"或"主次复合"，而不是"并列复合"，外语是"主"，其他相关专业知识是"次"，主次不能颠倒，外语和专业知识教学也不是平均用力（杜瑞清，1997）。

复合型商务英语人才培养规格涉及素质、知识和能力复合三个方面。

（1）素质规格。素质复合指培养商务英语学生的复合型素质，包括跨学科意识、跨学科思维、问题导向意识等，具体而言就是将商务意识和商务思维培养融入外语思辨能力培养，启发学生养成从不同学科视角发现问题、分析问题的意识和思维能力，突破单一学科思维的视角，培养跨学科思考、跨学科学习、跨学科研究的技能和习惯。跨学科学习能力培养要求善于涉猎与融合不同学科的知识和方法，拓宽知识面。现实中的许多问题往往过于庞杂，涉及多种学科知识，仅靠单一学科或专业无法解释或解决，需要构建更全面的多学科视角，借鉴其他学科视角，整合其他学科见解，借助其他学科方法。跨学科思维不仅要具备语言文学学科的思维能力，更要建立交叉学科和多学科的思维能力，比如运用指数思维构建指数模型和指标体系，进行量化对比分析和评价（王立非、崔璨，2020）。

（2）知识规格。知识复合指商务英语专业学生需要掌握语言学、文学、中外文化知识及国别与区域知识，并且需要加强相关人文社科或自然科学

5. 应用型商务英语人才培养标准与培养特色

知识的学习，努力形成新文科要求的"文文交叉"跨学科知识结构。《商英指南》提出的复合型知识体系包括"掌握英语语言、文学、翻译、英语国家社会文化、跨文化研究等基本理论和基础知识；掌握商务活动的基本工作内容和运行机制；熟悉商务组织治理结构、战略规划、运营管理等方面的基本理论和基础知识；了解经济学、管理学、法学等相关学科基础知识；了解我国对外经贸政策法规、国际商务领域的规则和惯例，以及国际商务活动中的相关环境因素"。概括起来，商务英语专业重点学习语言、文学、文化、商务、国别与区域知识、人文社科、自然科学等学科知识。语言、文学、文化知识是商务英语专业核心知识；商务知识、国别与区域知识、汉语知识等是相关专业知识；人文社科和自然科学知识是通用知识，包括国际政治、外交、传播、法律、数理统计、信息技术知识等。三类知识以专业核心知识为中心层，相关专业知识为中间层，通用知识为外围层，既有区别又相互联系，由内向外逐层扩展，形成完整的三级知识体系（王立非、宋海玲，2021）。

语言知识指复合型商务英语人才需要掌握的语言学基础知识，包括语音、词汇、句法、语义、语篇、语用、文体、语言史等专业核心知识。

文学知识指中外文学知识，包括文学文艺基本理论、作家与作品、文学史、诗歌、戏剧、小说、影视文学等专业核心知识。

文化知识指中外文化知识，包括中国传统文化、世界文明与文化、外国社会文化、跨文化交际、中外礼仪文化、中外商业文化等专业核心知识。

商务知识包括经济学、管理学、国际金融、市场营销、国际商法、财务会计、数理统计等相关专业知识。

国别与区域知识指中外国情知识，如联合国研究、欧盟研究、美国研究、英国研究、加拿大研究、澳大利亚研究、俄罗斯研究、拉美研究、中东研究、非洲研究等相关知识。

汉语知识是指中国语言文学与文化知识，包括中国历史知识、中国传统文化知识、古汉语知识、现代汉语知识、古代文学知识、现代文学知识、汉语修辞知识、汉语写作知识等。

作为国际化人才，商务英语人才还应掌握与未来从事的涉外行业和工作相关的人文社科知识，主要包括国际政治、外交、国际传播、涉外法律等通识知识。

国际政治知识主要包括国际组织、国际法、中国对外关系史、国际政治经济、国际战略学、国际安全、国际发展、中国与世界、全球治理等相关知识。

外交知识主要包括外交学、中国外交史、欧美外交政策、外交战略、公共外交、经济外交、国际谈判等相关知识。

国际传播知识主要包括国际新闻理论、国外新闻传播史、国际新闻采编、跨文化传播、世界媒体、企业传播、新媒体传播、对外传播技术等相关知识。

涉外法律知识主要包括国际公法、国际私法、国际经济法、涉外知识产权、国际商法等相关知识。

此外,作为跨学科人才,商务英语人才也应掌握自然科学基础知识,如数理统计、信息技术知识等通识知识。

(3)能力规格。《商英指南》提出七种专业核心能力,包括商务英语运用能力、跨文化能力、思辨能力、量化思维能力、数字化信息素养、终身学习能力和实践能力。这七种能力构成商务英语专业的复合型能力。

商务英语运用能力指在具体商务活动中能运用英语进行口头和书面的交流,能够准确理解和传递有效信息;能遵守国际商务规则和惯例,恰如其分地运用所学的跨文化沟通技巧和商务谈判策略处理商务;能运用语言修辞学知识解读相关的商务英语语言现象。

跨文化能力指尊重文化多样性,具有文化包容性意识,掌握跨文化研究理论和方法,理解文化差异,分析和评价不同文化现象,有效和恰当进行跨文化沟通。

思辨能力指勤学好问、尊重事实、理性批判、公正评价、敢于探究、追求真理,能对证据、概念、方法、标准等进行阐述、分析、推理与评价,并能反思和调节自己的思维过程。

《商英指南》根据商务英语人才的特点和未来需求,首次提出了量化思维能力和数字化信息素养。量化思维能力指能准确判断和科学评价国际商务环境中的各种影响因素,在商务分析和决策中有效运用图形、表格和数据,量化、呈现、说明商务信息,并能运用文字对图形、表格和数据信息进行描述、分析、整合和评价。数字化信息素养指能安全、负责、恰当地使用数字工具、技术和设备,明确信息需求,有效获取、分析、整合、评价、管理、传递信息和数字资源,支撑数字化时代的学习、工作和沟通。商务大数据分析能力是数字化信息素养的具体体现,指能通过商务和语言大数据抓取和挖掘相关信息,借助人工智能、机器翻译、机器学习等技术探寻信息之间的关联性,预测市场走向和用户满意度,获取具有商业价值的信息。

终身学习能力指具有终身学习的意识,能自我规划和管理,通过不断学习适应社会和个人高层次、可持续发展的需要。

实践能力指能通过实践活动拓展知识、掌握技能,能运用所学理论和技能解决实际问题,能管理时间、规划和完成任务,能适应新环境,能运用基本的信息技术(王立非、宋海玲,2021)。

以上七种能力中,商务英语运用能力和思辨能力是必备能力,是人才培养中学生须具备的核心能力,需要教师采取多元化教学手段、呈现丰富多彩教学内容来培养学生的能力。跨文化能力、终身学习能力、数字化信息素养是新时代对商务英语人才的新要求,也是学生顺应时代发展需要延伸的能力,这需要建立在学生思维的转变上,让学习成为一种习惯,让数字化提高未来的工作效率。量化思维能力和实践能力指的是学生的跨学科能力,与前面的必备能力、延伸性能力相辅相成,形成复合型商务英语人才的核心综合能力。

从《国标》对商务英语人才培养的标准要求不难看出,该专业的人才需要有多种综合能力,其中语言能力是基础。切不可本末倒置,放弃对英语语言能力的培养。笔者与一些从事外贸的企业人力资源工作者沟通中得知,企业非常看中商务英语专业学生的扎实语言能力,因为对于企业来讲人才培养成本是他们必须考虑的问题,语言学习通常需要多年的时间,企业没有过多时间培养一名员工的语言能力。因此,应用型本科院校在人才培养方案的设计上一定要突出英语语言学习的中心地位,在教学设计上要突出应用能力的培养,且要设置目标清晰的方向课程,让学生能够扎实掌握某一领域的专业技能。

5.2　应用型商务英语人才培养特色

商务英语专业特色化人才培养应遵循"分组指导和个别指导"的原则,

实现"分类卓越，分层卓越"，根据学生本身的能力水平、目标追求和社会需求，充分考虑"人的全面充分和自由发展"进行课程设计，并对商务英语专业课程进行课程群的一体化建设。在构建人才培养模式时，要体现鲜明的时代性、独特的区域性和差异化的层次性。要形成特色化的应用型商务英语专业人才培养模式，必须基于社会需求，瞄准就业市场；必须结合区域经济发展趋势，准确预测区域经济、社会发展给商务英语专业人才需求可能带来的变化；必须考虑到本校学生的能力层次，不能简单对《指南》中的课程进行叠加，也不能一味照搬其他院校商务英语专业的已有模式。

在新文科理念的指引下，在应用型技术人才培养的时代要求之下，商务英语人才除了按照常规的人才培养标准设计人才培养体系，还需要具备守正创新的精神，设计特色的人才培养计划。通常来讲，商务英语专业教学内容分为技能教学、知识教学和实践教学三部分。

技能教学主要是指商务英语听、说、读、写、译技能和与商务运营相关的技能训练，也是教学的重点部分。因此，在技能方面，通过开展形式多样的活动进行听、说、读、写、译的训练，比如英语演讲、辩论赛等；关于商务运营方面，应用型本科院校的商务英语专业多半开设与国际贸易或者跨境电商相关的课程。近些年市场传统外贸受挫，跨境电商迅速崛起，我们需要抓住时机，开设企业需要的特色技能课程，比如跨境直播实务、跨境电商视觉美工、跨境电商办公软件实操等极具应用性的学科，凸显应用能力的培养。

知识教学主要包括基本的语言知识、贸易知识和管理学知识。在此过程中，一定要注重商务与语言知识的比重，做到语言学习与商务知识学习相辅相成、互为补充，让学生在具备扎实的外语知识前提下掌握一定的商科知识，做到真正的知识复合。

实践教学指专业实践、创新创业实践、社会实践活动等，可以全面贯彻"1+X+N"的教育教学理念，充分利用校企合作资源，打通产教融合渠道，通过实践教学的开展助力学生取得相应的职业资格证书，获取相应的职业技能，这也是对学生四年学习的成果检验，能够为自己就业增加筹码。新时期，国家高度重视产教融合，作为应用型本科院校商务英语人才培养的特色，一定不可缺少与企业的合作，应充分利用企业的优质资源，建立一体化实训室，培养学生的商务英语应用能力。具体实施的策略就是

5. 应用型商务英语人才培养标准与培养特色

利用产教协同育人项目，由高校提供场地和硬件设备，企业提供配套的软件产品和指导人员，如跨境电商运营平台、商务英语综合实训平台等，使学生能够更好地在实操中运用自己的商务英语知识。有企业人员的指导，能够有效改善以往偏理论的教学，弥补学生实践能力欠缺的问题。校企之间紧密合作，一方面为学生的培养提供平台和资源，另一方面也可以减少企业人才培养的成本。实训基地可以说是应用型本科院校与企业合作的载体，在解决应用型本科院校专业人才培养创新方面起到了非常重要的作用。除此之外，应用型本科院校由于成本核算问题，对于文科专业的硬件建设预算相对较少，为了解决学生的应用能力问题，还可以与区域内优质的高职院校合作，通过充分发挥校际的交流来解决资源浪费和资源短缺的问题。当然，资金预算充足的高校可以购买一定数量的电子商务实操设备和软件系统，建立仿真实习实训室，如电商谈判实训室、跨境电商实习和实训平台、跨境电商直播间等，这样便于构建完善的实训室。除了平台的操作，校企合作期间，学校可以定期组织学生进入企业进行参观实践，实现订单式人才培养模式，让学生在校园和未来职场之间能够快速过度，迅速切换角色，这也是商务英语特色人才培养的路径选择。对于应用型本科院校，"1+X"证书制度下商务英语专业教育教学只有将"1"与"X"有机衔接，从专业结构和人才培养目标的角度出发，按照职业岗位（群）的能力要求来制定完善课程标准，基于职业工作过程重构课程体系，及时将新技术、新规范等纳入课程标准和教学内容，将职业技能等级标准等有关内容融入专业课程教学，促进职业技能等级证书与学历证书相互融通，才能做到专业人才培养对接国家职业标准，满足区域产业转型升级和经济社会发展对技术技能人才的需求。

由此可见，商务英语人才培养可以根据学生的知识水平、校企合作资源、院校学生就业意向等开设符合学生需求的特色课程，让商务英语人才的培养既有共性，又有个性，以满足社会多层次、多维度的人才需求。就特色人才培养体系来看，首先是课程设置要与时俱进，解决当前社会对人才需求的痛点问题。语言知识的理论课按照国标进行开设，特色就在于具体的教学设计，需要教师采取各种教学方法开设情景丰富、理论实践并行的课堂，真正激发学生的学习兴趣，并扎实掌握英语语言知识技能。商务知识的理论课结合学校的人才培养定位，结合企业需求，开设独具特色的课程。最容易出彩的特色人才培养方案应该是实践教学，这个部分可以结合校本实际和区域经济发展，联合政府和企业共同开设相应的课程。建立校内外导师团队，采取类似德国"双元制"的教学模式，让学生能够学以致用，不是为了考试而学习，而是为了学到自己未来立足社会的各项知识和技能。在实习就业方面，政府作为中间协调者，可以有效链接学校与企业，让企业用人无忧，让学生就业无虑。因此，特色课程的开设不是千篇一律地照搬国标，而是在国标的基础上，体现本校商务英语专业人才培养的特色，开设实用性强、操作性强的课程。

在我国，近年来也有不少高校教师对商务英语人才培养特色进行了相关的研究。王艳艳在《商务英语专业特色办学研究》一书中全面介绍了上海对外经贸大学的商务英语专业"语言＋跨文化沟通＋商务实践"三通人才培养模式，为商务英语特色化人才培养提供了很好的参考（王艳艳，2013）。邓静子、朱文忠提出以学生为中心，以能力为目标，以实践为导向，构建集各种优势课程要素为一体的独特商务英语课程新体系（邓静子、朱文忠，2016）。许晓慧指出，在"一带一路"背景下，民办高校培养复合型商务英语专业特色人才既要直面当前面临的困境，还要有创新思维拿出解决方案，比如科学规划能够体现职业特色的课程体系，加强校企之间的合作，提高学生的商务英语应用能力，积极开设各种特色文化课程，构建精品课程等（许晓慧，2020）。

总而言之，应用型本科院校商务英语人才的特色培养首先要转变育人观念，一切以学生为中心；其次要结合社会发展需求、区域经济发展等，科学预判人才需求；最后要加大校企合作，形成特色课程，培养学生扎实的本领，这样才可以培养出有特色的人才。

6. 应用型商务英语人才培养模式

根据商务人才培养的标准和特色,以及人才培养的理念,结合笔者在应用型本科院校工作的经验,拟从以下几个维度分别探讨应用型商务英语人才培养模式中的具体实施方案,主要包括坚持德育优先、知识与能力并重的人才培养模式以及基于OBE教育教学理念的人才培养模式和"生态化育人"模式。

6.1 坚持德育优先、知识与能力并重的人才培养模式

司马光在《资治通鉴》中写道:"才德全尽谓之'圣人',才德兼亡谓之'愚人',德胜才谓之'君子',才胜德谓之'小人'。凡取人之术,苟不得圣人、君子而与之,与其得小人,不若得愚人。"孔子曰:"人无德不立,学无道不行。"由此可见,中国自古就非常重视德育教育。而在今天,德育依然占据教育首要地位。正如前文所讲,"三全育人"教育教学理念贯穿大、中、小学整个教育层次,贯穿了我国对人才培养的整个体系,也体现了我国对德育的重视程度。即使是培养应用型商务英语人才,我们也不可只传授学生知识,教会学生技能,而忽略了学生的品德素质。应用型商务英语人才的培养一定是坚持将价值引领、知识传授和能力塑造三者有机统一的过程,这也是人才培养的基本要求。但是具体在人才培养过程中如何将无形的德育贯穿于整个教育教学活动中则需要上下齐心协力,做到"全过程、全方位、全员育人"。这不仅包括理论课、实践课,还有日常的特色课程和校企协同育人等方方面面。所有专业课程中都需要融入育人元素,还需要在教学中形成各校的特色体系,比如本科生导师制,最后还需要借助社会力量共同建立政、企、校协同育人机制。

6.1.1 理论课中的课程思政建设

国家外语能力是国家话语权的重要标志。面对当今国际形势的大变局，高校外语教育也需要政治思想站位高、格局大，正如杨金才教授所言，"外语教育面对的是外来文化思想，教师首先应发挥思想过滤器作用，积极引导主流意识形态价值观"（杨金才，2020）。换言之，对于外语教育而言，课程思政具有特殊意义，它是一种新的教学理念，是落实"立德树人"根本任务的关键，通过在各类专业课中融入思想政治元素的方式产生协同效应，实现"全方位育人、全员育人"的目标。课程思政是为了更好发挥高校专业课程"主渠道""主战场"的育人功能，最终实现"要守好一段渠、种好责任田"的使命，挖掘专业课程中的价值元素，如将为人处世的基本道理、社会主义核心价值观的要求、实现民族伟大复兴的理想责任等内容通过润物细无声的方式适时适度地融入专业课程的教学内容中，与思想政治课程同向同行，实现对人的教育。课程思政以"立德树人"为目标，强调在知识传播中注重价值引领，在价值传播中凝聚知识底蕴，是高校全面提高人才培养能力和水平、构建高层次人才培养体系的重要举措。无论是理论教学还是实践教学，都可以把课程思政作为抓手，推动"三全育人"格局不断提升，形成更高水平的人才培养体系。对于大学生来讲，他们的价值观塑造尚未成形，情感心理尚未成熟，很容易受到各种网络言论的影响。因此，传统的依靠辅导员和思政课老师对学生进行思想政治教育已经不能满足当代高校思想政治教育的要求。任课教师作为与学生接触最为直接的工作者，不仅是知识的传播者，更是学生人生道路上的引路人。如何在理论课中引入育人元素已经是当下高校教育工作者重点关注的话题，因此理论课也是育人的重要途径。

进行课程思政设计主要分课前、课中和课后三个阶段。课前按照"三精"原则进行教学设计，即精准设定教学目标、精细设计教学内容与流程、精心组织教学评价与反思。课中，采取适当的课程思政教学模式，对整个教学流程合理规划。当下在课程思政建设方面主要采取的是 BOPPPS 教学模式和 ADDIE 教学模式，两者按照不同的模块分类对课程思政课堂教学进行设计。BOPPPS 教学模式以建构主义和交际法为理论依据，以有效教学为其特色。该模式强调以学生为中心，注重启发式和参与式教学方法，将课堂教学过程划分为课堂导入、课堂目标、课堂前测、课堂参与、课堂后测、课堂总结六大模块。ADDIE教学模式代表教学系统设计过程的一系列核心步骤，以教学目标和教学问题为首位，体现教学活动的线性过程：分析考察学习者的需求、设计学习或教学策略、开发编排教学材料、实施开展教学活动、进行总结性评估和形成性评估五大模块，且每一个模块对应具体的操作内容，都以评价为核心。ADDIE教学模式构建了分析（包括对学情、教学内容、目标、环境等的分析）、设计（包括对教学资料、内容、策略等设计）、开发（包括完成教学资料组织、教学支撑团队建设和技术实施等开发）、实施（包括课前预习、课堂教学和课后复习的教学流程实施）、评价（包括通过师生对教学的反省、讨论、教学过程分析形成总结性评价，根据评价和反馈情况对前面四个阶段进行适时调整，完成课程的最终设计并进行推广使用）整个课程教学框架。这两种课程设计模型对于外语教学的课程思政建设起着重要的支撑作用，教师可以在对课堂进行不同模块分割的过程中嵌入相匹配的思政元素，做到隐性元素的有机融入。两种模式教学目标清晰、教学流程模块分类合理、互动性强，在课堂教学中根据具体的教学内容整合教学流程，实施匹配教学内容的有效课程思政教学模式。课后拓展空间实施课程思政显性教育。与课前进行的课程思政引导教育、课中开展的课程思政隐性教育紧密联系的是，课后可以拓展教学空间实施课程思政显性教育，使育人目标转化为具体成果，让课程思政"入口、入耳、入心"。

在此，笔者以自己所教授的"高级商务英语"为例，重点分享该课程在课程思政建设方面的具体做法。

"高级商务英语"作为商务英语专业的专业主干课程，不仅是学生专业知识体系中非常重要的一门课程，而且还担负着对学生进行人文通识教育的重任。该课程思政建设方向是坚持"德育为先、五育并举"的教育教学理念，通过各类教学活动和丰富的教学内容培养学生良好的个人品格以及道德修养，帮助学生形成正确的三观，树立四个自信，使社会主义核心价值观"入耳、入脑、入心"。整个教学过程中以润物细无声的方式实现"立德树人""以文化人"的思想政治教育目标。

该课程思政建设的重点是持续挖掘教材中的思政元素，并深度融入"理解当代中国"系列教材的内容，设计集知识性与趣味性于一体的教学活动,通过线上线下有效衔接、课内课外有机融合的方式让学生深刻理解当代中国,明晰外语人的使命担当,从而树立专业自信。

(1) 课程思政总体设计思路:以培养应用型人才为目标,根据专业人才培养和课程要求,通过课程整体设计和单元设计,持续挖掘其中的思政元素,巧妙设计思政融入方式,实现价值塑造、知识传授和能力培养的育人目标。

(2) 课程思政目标:以教学单元为单位,通过多元化的教学手段,将为人处世的原则、职业道德、社会主义核心价值观等思政元素分层次、有计划、以"盐"溶于水的方式渗透到教育教学的每个环节,实现三个层面的育人目标:个人修养、职业素养、理想信念。

在本课程的思政建设中,教师秉承"三全育人"的教育理念,全员在课前、课中、课后分阶段开展教育教学活动,形成了"以丰富的课程内容为依托、多元化的教学方式为媒介、形成性评价方式为手段"的课程思政建设模式。教学内容上,充分利用"理解当代中国"系列教材中的素材,整合线上优质资源,选择性地为学生提供优质的相关视频、素材等,适当延伸课本的内容,突出商务英语中的思想内涵。教学方法上,采取POA教学法、交际教学法、讲授法等多元化的教学手段,坚持以学生为中心,通过不同的教学活动,如小组讨论、故事分享、模拟商务会谈、辩论赛等,启发学生对相关主题内容的深度思考。评价方式上,注重学生平时的过程考核,鼓励学生积极参与课堂,对学生的表现给予积分,让学生明白"一分耕耘,一分收获"的道理。

在教学模式上,课前重点培养学生的学习习惯和独立思考能力。结合学生的学习特点,每个单元要求学生进行课前预习,并形成清晰的预习笔记,除了记录生词短语,还启发学生尝试利用思维导图绘制加强对单元课程内容的理解。教师充分利用平时成绩,对预习笔记进行评分。课中,充分利用教材,达到启迪学生思想智慧、培养综合能力的目标。每个单元包括导入、3篇课文以及相关技能(写作技能、学习技能和商务技能)。导入部分通过小视频和相关主题词驱动学生对单元内容的了解。针对第1、2篇课文,教师以讲解为主,引导学生通过体会语言之美,领会文中所传递的德育知识和商务知识。针对第3篇课文,以学生讨论为主,培养学生协作能力以及分析解决问题的能力。技能训练通过演练的方式进行。每单元设置单元主题话题讨论,学生担任评委,培养学生口语表达能力和思辨能力,极大地提高了学生的课堂参与感、成就感。课后,强化巩固知识技能,分组开展实践活动。英语语言知识方面通过完成相应的习题加以巩固;商务技能部分通过小组调研、合作完成;阅读提升部分由学生形成"阅读圈",展开讨论学习,其中"联系者"需要依托文本内容,联系生活实际查找案例拓展,不仅开拓学生的视野,还为学生后期的创新创业提供理论指导。

该课程选用的教材为王立非教授主编的《商务英语综合教程》第3册和第4册。教材的素材源于国内外主流媒体,涉及国际政治、经济、文化等多个主题,其中语言知识与商务知识按照一定的比例融合。在此课程中,学生不仅能学到原汁原味的英语语言知识,还能够通过不同的案例分析锻炼自己的商务思维和职场品格。过去,英语教学让学生通过英文材料了解西方文化、政治、人文风俗,形成了外语专业学生忽视中国传统文化,使得母语文化被弱化的现象(王立非,2015)。该教材的设计能够有效推进学生对当代中国的了解、对世界的了解,能够更好地帮助学生树立文化自信、理论自信、制度自信、道路自信。学生在语言学习中夯实跨文化沟通能力,在案例分析中形成批判性思维,在商务写作中掌握职场的沟通技巧,在小组讨论中形成团队精神和协调能力,这与我国急需一批熟悉党和国家方针政策、了解我国国情、具有全球视野、熟练运用外语、通晓国际规则、精通国际谈判的专业人才的要求不谋而合(罗敏,2019)。作为高年级的专业主干课程,"高级商务英语"不仅是知识传授,还应具有育人的功能。因此,依托优秀的教材,围绕课程大纲,教师在课堂教学中渗透思政元素也势在必行。

在讲解课文的过程中,教师可以采取相关话题讨论、课文拓展延伸、案例分析等方式,多途径引导学生进行学习。在此过程中,课程思政元素也逐渐渗透到教学的各个环节。比如讲到国家利益这一单元时,让学生展开讨论"国家发展过程中,是国强才能民强还是民强才能国强?"通过问题的讨论,学生更能够透过文本的内容思考当代中国青年的责任和担当,教师最后做总结升华,鼓励学生努力学好专业知识,积极参与区域经济的发展,履行好当代青年的职责,每个人做好自己,我们的祖国才会日益强大。讲到国家福利的单元,引导学生进行案例分析,查阅我国改革开放后福利政策的改变,一方面让学生体会到制度自信,另一方面让学生了解与自身利益相关的内容，比如以后求职中需要知道的"五险一金"等。当讲到对贫困国家援助时，对中美国际援助进行案例对比，让学生看到中国的大国风范。如果课堂活动的设计能够有效地将学生融入情景之中，就可以让他们深刻体会到中国精神、中国力量，将小我融入大我之中。

当然，在该课程以及其他商务课程的教学中都可以采取下列方式融入课程思政元素：

（1）依托教材，深挖内涵。教材是传授知识的重要载体，在课程设计中充分考虑教材文本中的德育理念。以"高级商务英语"课程的课程思政元素设计为例。教材第3册第1单元的主题是"Travel"，课文内容涉及生态旅游，文中最后作者提出的观点是"生态旅游要考虑其经济利益"，由此引导学生深入思考其内涵：这与我国的什么观念不谋而合呢？学生经过讨论很快得出答案："绿水青山就是金山银山。"由此教师再次提出其英文表达应该是什么，学生会给出不同的文本，教师推荐学生参照我国对外宣传的专门译法。在此过程中师生之间的交流变得更亲近紧凑，学生因为讨论得出自己从未有过的知识而倍感欣喜。再比如，教材第1单元第2课讲到了工作生活平衡问题。文中讲述了一个职场女精英遭遇的人生瓶颈期，在此教师让学生换位思考一下："如果你是作者，你将如何面对这种困境？"学生经过讨论，会真切地体会到进退两难的局面，会更加理解职场女性的不易。教师可以借助学生讨论的现场和结果，给予学生一些建议：第一，我们要具备较好的职业规划能力；第二，我们要有平和的人生心态，人生总会有取舍，不同的年龄阶段会有不同的选择，把握当下，直面未来；第三，我们要提前锻炼自己的抗压能力，未来面对职场的风风雨雨才无所畏惧；第四，我们一定要有自己不可取代的核心竞争力，这样才不能被时代的洪流淘汰，因此保持终身学习是法宝。教师还可以结合自己个人的人生经历分享一些故事，让学生能够及时认识到提前布局的重要性。第3册第4单元的主题是"科技中的道德挑战"，通过文本的内容得知"科技本身没有错，但是使用科技的动机是关键"。透过作者的意图，引导学生思考："身处科技剧烈变革、迅速发展的时代，我们如何正确使用科技？"学生纷纷讨论生活中不同的科技应用场景，比如AI给语言服务带来的挑战、无人驾驶中的问题、转基因食品的问题等，通过对生活真实场景的思考，学生更能够批判性地看待科技给生活带来的便利，同时也更加明白作为新时代的我们需要有批判性思考的能力,正确应用科技生活才会更美好。第 4 册第 8 单元讲到对贫困国家援助的问题。深挖教材的内容,可以看到美国对贫困国家的援助实际上从没有完全兑现承诺,并且还有很多限制性条件。借用教材的内容适当延伸,让学生联系实际案例将中国对世界的援助与课本讲到的美国援助进行对比,从而形成自己的思考。

(2)加强课外阅读输入,正向引导。商务英语专业的学生进行大量的课外阅读是必不可少的,通过大量原汁原味的阅读材料获取更多新鲜的知识,了解国内外的最新动态。建议学生从难度相对低的 China Daily 开始,再到难度相对大的 The Economist 等外文期刊,每节课前请 2 位或 3 位同学分享最近阅读的新闻内容以及个人的思考。在此过程中,学生一方面能够开阔眼界和了解中国外交、世界经济发展等多方面的知识,在阅读中让学生更加明确当前的国内、国际现状,了解社会热点,培养他们关心国家大事的习惯;另一方面还能够了解正能量的人物报道,从这些报道中学习主人翁身上自强不息、乐于奉献的精神。日复一日的阅读不仅提高了学生的阅读理解能力,也能让学生从众多的素材中汲取正能量,形成自己独立思考的能力。

(3)教师以身示范,引导学生做新时代的好青年。在日常英语课堂中,教师坚持用自己的人格魅力、个人良好的职业道德和品行启发学生、引导学生。常言道"行胜于言",如果教师能够通过日常行为给学生正确的示范,学生也就会自觉地学习正确的行为规范。比如,教师认真上课,学生会感受到认真工作的老师最可敬,自然而然也会明白良好的职业道德多么重要;教师日常对学生个人的关心也能让学生感受到老师对学生的关注;比如,教师每节课上完后收拾讲台,擦干净黑板,这些小小的举动让学生看到老师的良好职业素养,这也能为学生日后进入职场提供一些思考和借鉴。

本课程在课程思政设计方面的特色、亮点和创新点主要包括:

(1)凸显专业特色,形成"英语知识、商务技能与思政育人"三位一体的课程标准。本课程引领学生学习原汁原味的英语材料,培养学生跨文化意识和家国情怀,全面提升学生的高阶英语听、说、读、写、译的能力,强化学生的商务技能应用。通过整体教学设计和模块化教学内容设置,让学生在学习专业知识和商务技能的过程中潜移默化地吸收思政营养,达到思政育人润物细无声的效果。

(2)实现"全过程"育人模式。本课程在进行思政建设过程中紧紧抓住教师队伍"主力军"、课程建设"主战场"和课堂教学"主渠道",精心设计每个教学环节,从微观和宏观层面分别挖掘课程思政元素。从课前培养学生学习习惯到课后培养学生批判性思维充分体现了思政教育,做到"全过程"育人。

本课程目标是向更高层次努力,这为其他理论课程的课程思政建设提供了借鉴。总体而言,理论课程的课程思政建设不是单纯地在课文里面加入几条思政元素即可,它是一个全方位、全过程的育人,课程是人才培养体系中的一个单位,需要与其他课程形成合力,做到"全方位育人",且要有可视化的育人成效。因此,教师在课程思政建设方面需要发挥育人智慧,精心设计教学,让育人的理念真正渗透到教学的每个环节。

6.1.2 实践课中的育人路径探索

《高等学校英语专业英语教学大纲》指出了 21 世纪的外语人才应该具备五个方面的特征:扎实的语言基本功、宽广的知识面、一定的专业知识、较强的能力和较好的素质。前三个方面可以通过课堂教学实现,而后两个则需要将课堂教学和课外实践有机结合来培养和提高。2021 年,吴岩在《抓好教学"新基建" 培养高质量外语人才》一文中明确指出,把外语发展落在脚下,培养适应经济社会需要的复合型应用型人才是抓专业质量的重要举措。由此可见,实践教学对于培养高质量外语应用型人才有着至关重要的意义。

纵观应用型本科院校,商务英语专业实践教学是各个高校重点关注和突破的环节,他们一直致力于为学生提供多元化的学习实践平台、丰富的实践资源,为学生的成人成才不懈努力,但是在实践中依然面临诸多困难。在数字化赋能高等教育的时代,在社会经济高速发展的时代,在高素质、高质量涉外人才需求不断增加的时代,我们如何借助时代的风口、借助社会资源来优化英语专业的实践教学呢?"三全育人"教育教学理念能够为实践教学的育人路径提供理论支持。科学合理、务实求真的"三全育人"机制贯穿整个教学,对于培养高素质的人才有着重要的意义。实践课作为培养学生应用能力的重要环节,其中蕴含的隐性育人功能对于人才培养也尤为重要。

下面我们就当前商务英语专业实践教学的现状进行分析。

(1) 商务英语专业的实践教学目标描述笼统。按照《指南》的要求，每个应用型本科院校都会设置一定比例的实践教学课程，包括实践教学环节和创新创业环节，但是在具体实施过程中往往只是考虑到如何让学生去实践、去动手、去参与实际知识应用环节，对于实践结束后学生达到何种程度似乎没有一个明确的标准。对于实践课程的开设往往没有理论课程那样具有非常详细的教学大纲和课程目标，通常表述比较笼统。比如，"认识实习"里面指出"增强学生对本专业的认知"，这种抽象的表达如何量化成考核学生实习后的效果呢？似乎难以界定。另外，商务模拟实验这种校内实践的课程目标是让学生掌握基本的制单原则，具体达到何种熟练程度没有明晰的界定。再比如，专业实习的教学目标是让学生在实际岗位上掌握相应的技能，"相应技能"的描述也较为宽泛，是否可以根据学生从事不同方向实践活动进一步优化具体的技能？让学生和老师能有一个更清晰的尺度去衡量该实践课程是否达到了最后的预期。

(2) 商务英语专业实践教学资源有待丰富。商务英语专业实践教学课程较多，主要包括"认识实习""专业实习""毕业实习""毕业论文""商务模拟实验""商务研究报告"等。每一门实践课程的开设都需要有相关领域实践经验的老师进行指导，校内的"商务模拟实验""商务研究报告"的教学资源相对充足，但是校外的实践课程（如"认识实习""专业实习""毕业实习"）的教学资源，因为涉及具体的岗位操作，加上学生想从事的行业也不尽相同，因此需要与大量的企业进行对接才能满足学生的需求，这对学校来讲也是一个巨大的挑战。比如，近些年跨境电商比较热门，有的学生热爱跨境直播，有意向从事挑战性的外贸行业。通常来讲，一个外贸企业对人才的需求量不会太多，尤其是短期的实习生需求量更少，因此对于"专业实习"来讲实践教学资源略显不足，有待进一步完善。

(3) 实践教学的评价方式单一。多数实践教学通常只考虑学生能够修满学分，以考查学生为主，且多数实践课程以一份报告、一篇论文或者一份调研报告进行考查，教师依据这些材料进行评分，但是对于学生创造性的观点、学习的过程、学生在实践中培养的各种能力等没有一个量化的考核，久而久之，学生容易把实践课程仅当作交一份实习报告的课程，甚至对实践课程产生厌倦。实践教学对学生的评价缺少生生之间的评价、企业对学生的评价。同时，学校对于实践教学本身效果的评价微乎其微，对实践指导教师的评价也只是通过学生评教来体现。总之，实践教学的评价最终沦为对学生所交实习报告的评价。

（4）实践教学师资队伍参差不齐。实践教学模块包括培养学生综合能力或者某项专项能力的课程。比如，"商务研究报告"是培养学生调研能力、分析解决商业问题能力的一项实践性很强的课程；"商务模拟实验"则是培养学生动手制作外贸单据的课程，都需要老师有相关的实践经历。"认识实习""专业实习""毕业实习"这类培养学生综合能力的实践课程涉及的领域较为宽泛，而外语学院的教师多数是英语专业出身，基本都是毕业就进高校工作，企业实战的经验较为匮乏，无法满足学生实践多元化的需求。比如，针对近些年学生从事跨境电商等领域的实习，校内指导教师通常比较缺乏实战经验，多半都是理论指导，没有企业实战的经历，这些对指导学生实践都是不利的。总而言之，实践教学因为工作量庞大，教师人手有限，难免出现师资参差不齐的情况。

面临上述困境，我们需要结合"三全育人"教育教学理念，进一步优化实践教学机制，以达到"全员、全过程、全方位"的育人。

（1）实践课程模块化。为了更好设计实践教学的目标和内容，对实践课程按照不同性质进行模块设置，并对标毕业实习的要求，进行各类教学实践课程的教学大纲和实践教学方案的制订。根据《国标》和《商英指南》的相关文件要求，结合应用型本科院校英语专业目前的就业创业需求，将英语专业教学实践分为四个模块，即技能训练模块、综合实践模块、创新创业教育模块和毕业设计模块。其中，毕业设计根据学生的实际情况，采取毕业论文、商务研究报告和翻译实践报告多元化的形式，并针对每一种形式制订具体的要求，做到科学性和规范性。对于技能训练模块的课程重点在训练学生的专业技能并能够熟练操作；对于综合实践模块则侧重根据学生个人需求进行个性化的指导，全方位培养学生的综合能力；创新创业教育模块重点根据国家大众创新、万众创业的理念，指导学生具有创新思维和创业能力；毕业设计模块重点检验学生四年来的学习成果，以学术论文、商务研究报告或者翻译实践报告的形式提交成果。同时，各个模块的课程时间安排要充分考虑理论课程的基础和学生的能力。其中，"认识实习"安排在第2学期（让学生尽早熟知专业学习特性和社会需求）；"商务

6. 应用型商务英语人才培养模式

研究报告"安排在第6学期;"专业实习"安排在第7学期期末,与第8学期前4周的毕业实习形成大闭环实践模块,这样学生能够安心实习并实现就业;毕业设计安排在第8学期。课程模块化的好处在于教师能够更好地在整个专业实践过程中引导学生,从最初的"认识实习"树立学生的专业自信,到后期的"商务研究报告"培养学生分析解决问题的能力,再到"专业实习"和"毕业实习"中到岗位具体实操,培养学生良好的职业道德和素养,这些能更好地体现"全方位、全过程"的育人理念。

（2）实践资源系统化。传统上,各类实践课程由不同教师进行指导,但是对于课程与课程之间的衔接往往缺少深入的沟通,课程资源之间互通更是缺少一定的分析。鉴于此,在实践教学改革环节,所有实践指导教师需要互通,共享资源,确保所有实践环节的顺畅衔接。例如,"认识实习"环节会聘请与专业相关的各个领域的骨干举办讲座或者带学生去现场进行观摩。在此过程中,学生可以确定自己以后的目标企业或者行业。在"商务研究报告"中让学生对自己感兴趣的行业或者企业进行调研,深入了解自己未来拟从事的行业,形成科学的研究报告。"商务模拟实验"环节需要将前期商务写作中学到的知识进行合理运用,学会制作相关的外贸单据,为后期的"专业实习"和"毕业实习"奠定基础。"专业实习"中学生可以依据前期自己的意向行业,与指导老师充分沟通,校方联系企业为学生的实习就业提供机会。毕业设计环节,学生可以根据自身的发展选择学术论文、商务研究报告或者翻译实践报告的形式完成,总之是需要结合自己前期的实践来进行。创新创业教育训练模块可以充分利用其他模块的资源对学生开展相应的创新创业训练或者职业生涯发展规划的培训实践。整个实践教学环节的畅通不仅让学生目标更加明确,能够做好更接地气的学业规划,还能让企业顺利招到合适的人才,也有利于整个学校的人才培养质量的提升。在实践资源系统化的过程中,学生、教师与企业之间的沟通更为紧密,教师对学生的了解更为深入,学生对企业的了解更为全面。

（3）评价方式多元化。常规的做法只有教师评价学生的实习表现,实践教学演变成了一种教师评判学生的课程,但是根据"三全育人"的教育教学理念,我们要强调学生的全面发展,因此在实践教学中需要充分调动学生的主观能动性,让学生对实践教学进行评价,让学生小组成员之间相互评价。这样一方面学生会觉得自己被重视，自然也会更重视实践课程的学习；另一方面，教师也更加能客观全面地了解学生的需求，持续不断优化实践教学方案。同时为了完善实践教学内容，健全实践教学机制，对于校外实践环节，教师可邀请企业人员共同评价学生的实习表现和学校的实践教学安排。当然，教师对学生的评价也是必不可少的，为了确保实践评价的公平性，教师需要对学生平时实践过程进行客观记载和评价，还可让学生进行实践教学答辩，请实习指导组的教师共同给予评分。同时，为了保证实践教学的效果，还需要企业和学生对实践教学本身进行评价，教师对实践教学进行总结，从而更加客观地发现实践教学中存在的问题并加以改正。总而言之，为了充分体现"全过程育人"的理念，实践教学多元化的评价应包括对学生的评价、对实习满意度的评价和对指导教师的评价三个方面。

（4）师资队伍专业化。实践教学对于指导教师的要求较高，需要具备某个方面相应的技能和较强的育人能力，能够全方位指导学生开展相应的训练。师资队伍专业化建设要充分考虑"全员育人"的理念。比如技能训练模块中的商务研究报告写作，指导教师本人需要熟知商务研究报告的写作范式，教师需要与不同企业进行交流，了解实际工作中商务调研的方式和商务报告常用的写法，从而更有针对性地引导学生进行写作和开展市场调研。基于此，教师也可以从创新创业角度引导学生进行商务研究报告的写作。对于专业实习模块，通常会根据学生的就业意向进行分组，比如分成外贸组、商务翻译组、职业学校教师等，指导教师需要具备相应的职业资格证书，方可对学生进行指导。如果没有职业资格证书，需要具备联系相应企业资源的能力，聘请企业导师或者优秀校友和校内导师共同指导学生开展专业实习。创新创业教育训练模块由辅导员与专任教师共同指导完成。当然，为了确保师资队伍的专业化发展，也会根据教师的能力进行考核。对于评价不合格的教师下一轮实习不予以选用。促进师资队伍专业化建设既是实践教学环节开展的有力保障，也是促进"双师型"教师发展的有效途径。

实践教学是理论课程教学的延伸和有效补充，也是应用型人才培养的核心环节，对学生的成人成才起着至关重要的作用。因此，要不断完善实践教学体系，强化实践教育理念。实践教学环节不仅是为了完成一门课程的教学，还需要结合当下面临的困境，不断优化实践教学机制，更新迭代实践教学内容，强化教师在实践教学中的重要引领示范作用，增强学生的参与感和成就感，发挥实践教学的育人功能。一套科学适用的应用型人才培养体系应该包括实践教育理念、实践教学体系、实践课程设置、素质拓展环节、实践教学环节等方面，尤其要强化"实践育人"理念，突出实践性教学体系的完整性以及育人功能。通过实践教学区分应用型高校与研究型高校的不同定位。"实践育人"理念是在实践教学中，通过不同形式，采取不同教学手段达到育人的目的。在实践教学过程中，要积极构建实践教学体系，围绕社会对创新创业、应用型人才的要求，改革现行的实践性教学管理模式和实践教学组织，改革实践教学目的、教学过程与方法，增强教学内容的实践性，重点突出产学研合作教育，体现协同育人机制，注重专业的实践教学环节，加快推进实践教学设施建设和实践教学基地建设，构建包括课内实验教学体系、课外实践教学体系和实验室建设体系"三位一体"的具有应用型教育特色的实践教学体系。同时，实践教学还需要创新评价方式，让实践教学真正落在脚下，为应用型本科院校英语专业高素质、高质量的人才培养注入源源不断的活力。

6.1.3　教师的示范引领

教师是人才培养的导演，是学生成人成才的引路人，因此教师的以身示范是人才培养质量的重要前提。没有高尚师德和持续学习能力的教师，也难以培养出高素质、高水平的学生。这是一个快速发展的时代，任何一个不持续学习的教师随时会被时代淘汰。为了让教育服务更加精细化，本科生导师制也是近些年多所高校采取的育人方式。同时，教师作为高级知识分子，时刻保持反思能力也是尤为重要的。这都能给予学生良好的榜样力量。

下面具体看一下导师制中教师的示范引领作用。

在外国教育史上，导师制（tutorial system）起源于英国，由曾任温切斯特主教和英格兰大法官的威廉·威克姆在牛津大学的"新学院"首推（高昀，2004）。由于导师制在人才培养过程中可以行之有效地培养出众多具有创新精神、成就卓越的人才，所以继牛津大学之后，世界上许多国家的高等学校都采用导师制。但由于经费和人力的限制，在研究生教育中实行导师制是作为一种侧重于对学生进行个别学术指导的教学制度而存在的。1869年美国哈佛大学校长在哈佛大学推行本科生选课制（elective system），1872年哈佛大学又开始实施学分制（credit system）并很快带动美国其他高校实行选课制和学分制。英国牛津大学、剑桥大学等高校在19世纪末、20世纪初转而开始仿效美国高校实施学分制，并将原用于研究生培养的导师制推广到本科生的培养（韦卫星、韦文山、农亮勤等，2004）。

在中国，北京大学于1910年最早试行美国模式的学分制。1937年英国学者林迈可受聘为北京大学经济学导师并创办了牛津大学式的导师制，几乎在同期竺可桢在浙江大学首开大学生导师制之先河。随后国内其他高校也相继仿效。新中国成立后大学生学分制和导师制被学年制取代，导师制只用于研究生教育（刘月秀、谭仕林、徐正春等，2005）。随后一些实力较为雄厚的知名高校开始在本科生教育中实行导师制。北京大学2002年在本科生中试行导师制，浙江大学2002年已在本科生中全面实施导师制。

近些年随着本科教育不断深化改革，为了精准服务学生，不少本科院校开始实行导师制。所谓本科生导师制是指打破行政班级，聘请学科专业优秀的教师担任学生的指导教师，并且实行双向选择制，每学期期末师生之间还需要进行互评。本科生导师制既不同于本科毕业设计的导师制，也不同于研究生的导师制。它是指本科一入学就配备导师进行四年的指导。其工作职责集中在思想引导、学习方法、专业素质、生活辅导、职业指导等方面。比如，我国一些知名一流本科院校的导师制对导师的职责进行了不同的规定，其中北京大学提出的本科生导师职责包括负责对学生进行思想政治方面的指导，对低年级学生给予从中学阶段到大学阶段学习方法的帮助，给学生选择专业提出一些建议。浙江大学的导师主要职责包括关心学生的思想进步，帮助其树立正确的人生观和价值观；根据学生的特点和志向指导学生制订好个人的学习计划；导师要尽可能多地让学生参加到科研活动中去，培养学生的科研能力和创新能力；关心学生的生活，帮助学生解决生活中出现的问题。但是应用型本科院校实行导师制的并不多。根据应用型本科院校商务英语专业的学生特点和现实困境，笔者提出了导师制工作开展的具体策略以及老师在其中的重要引导作用。

导师泛指在高等学校或研究部门中指导学生学习、进修和进行科学研究的教师,所以通常是指在高校有资格指导硕士研究生、博士研究生完成课题研究和毕业论文的教授或副教授。本科生导师制的导师最初是指对某个学生或某一部分学生额外进行学业辅导的教师,也指陪伴学生生活学习的家庭教师。导师制就是学生进入大学后选定一名老师对自己进行单独指导,类似于师徒制。具体做法是:新生入学后进行双向选择,通常一名老师指导几名学生,后期导师在学生学习之余给予学生学业、生活和心理各方面的指导。导师可以根据学生的实际情况定制不同的学习指导计划。

随着社会经济的发展,人们对精细化服务的要求越来越高,教育面临服务学生的事务。应用型本科院校多为民办或者独立院校,为了竞争优质生源,学校要能够提供优质服务,包括外在的硬件环境、学校教育教学的内在实力等多方面的服务。应用型本科院校的学生学习基础普遍比较薄弱,甚至部分学生对商务英语专业的学习缺乏自信。导师制实际上也是精细化培养的方式。每周导师与学生见面进行学习指导和思想交流,让学生不再迷茫,知道自己的专业发展方向以及自己需要努力的方向。这种情感交流让学生更加自信、更加阳光,也有利于学生的专业学习。

在新文科的持续推进下,应用型本科院校商务英语专业必须转变专业发展观念,做好学生的育人服务工作,让学生和家长觉得自己花的学费值得,学的专业有前景,学生就业无忧,这些落到教育教学的实处则是教师需要承担起重大的育人责任,不能只每天照着课本讲知识点,还需要深入学生,去了解他们的真实想法,帮助他们进行科学合理的学业规划,让学生真正觉得所读大学是值得选择的,那儿的老师是他们值得交往的人生益友。基于现实的需求,为了确保学生的培养质量,在商务英语专业开展导师制是可行且必要的举措。

商务英语专业导师制的指导是开放的,为了有一个明确的主线、清晰的指导思路,在方案设计上要结合学生的特点进行不同的内容设置(表1)。

表1　商务英语专业导师的指导内容设置

序号	指导内容	学期	指导时长
1	语音、听力训练	第1学期	每周至少半个小时
2	听说训练	第2学期	每周至少半个小时
3	时文阅读	第3学期	每周至少半个小时
4	读写训练（主要为商务信函写作和应试写作）	第4学期	每周至少半个小时
5	给学生分方向指导： 1. 跨境电商方向 2. 外贸业务员 3. 商务英语翻译 4. 教师 5. 行政文员 6. 考公务员编制 7. 出国留学 8. 考研	第5—7学期	每周至少半个小时
6	就业指导	第8学期	根据学生实际情况给予指导

对于以上内容，每学期必须完成相应的指导，且需要对每位学生进行建档记录，对学生的进步有一个清晰的记载，这样学生能看到自己的进步，也会更加有学习的动力。由于学生高中阶段普遍听说能力较弱，因此第1学期重点纠正学生的语音语调，让他们敢于开口。同时通过加强听力的强化训练，增加输入，学生在第2学期更容易进入听说训练阶段。除了见面之外，导师需要给学生布置额外的听说任务，通过线上线下提交作业的形式进行督促检查，这样在老师的引导下学生更容易找到方向。进入大二，学生开始各种等级证书的考试，此时阅读是各种考试的重点，因此单独加入时文阅读的内容，在导师的指导下，学生更能够清楚英语阅读的方法、抓住各类英文文章的思路，轻松应对考试，同时提高阅读理解能力。第4学期，在前面阅读的基础上，学生的写作能力也就水到渠成了，但是商务英语专业的学生未来在工作中会遇到各类公文的写作，此时教师需要根据学生个人的需求，指导学生进行外贸函电的写作、办公室各类文件的写作等，当然也可以布置学生每周完成应试的写作并给予批改和指导。到了大三，学生开始进行人生的又一次选择，有学生会选择继续学习深造，也有学生准备考公考编，还有学生愿意进入富有挑战性的外贸行业，也有学生

/ 6. 应用型商务英语人才培养模式 /

愿意进入新兴的跨境电商行业,更有少数学生愿意去当老师。在学生众多的选择之下,导师制指导内容也需要切合学生实际情况。到了第8学期,就进入学生就业阶段的指导,助力学生顺利跑完学校与企业之间的最后一公里。

　　导师犹如一位舵手,把握方向,带领学生前行;导师犹如一盏明灯,为学生照亮未来前行的道路,让他们不走弯路,具备直面未来的底气和勇气;导师犹如一位能工巧匠,能够将学生的需求与专业学习进行有机融合,帮助每位学生设计自己的人生轨道。因此,导师团队的选配也是导师制工作中的重要环节。首先,从导师选配机制来看,一是要具备敬业奉献精神,具备良好的个人素养;二是具备较好的专业能力;三是具备某个领域的技能。除了校内导师的选拔,还需要根据实际需要从企业选配校外导师。同时,为了满足学生的发展需求,发挥导师的合力,还需要形成导师团,这样也有利于教师的职业发展。导师形成团队后,实行团队负责制,对导师团队的导师制工作进行指导和监管。从学生与导师双选的机制来看,采取双向选择制。新生开学之初,从线上宣传导师,到线下进行专业介绍之时导师与学生见面,再到学长与新生进行见面交流,帮助学生选择适合自己的导师,避免导师选择扎堆。按照平行志愿填报原则,按照学生对导师的优先意愿分3个档次进行选择,每个档次选3名教师,根据学生的选择结果,导师结合收集的学生个人介绍等情况,对自己心仪的学生按照优先顺序排序。现场选择环节,被学生第一志愿选择最多的导师优先选择第一轮学生,依次类推,到最后每个老师按照平均分配的名额选满为止。这样的选择既避免了扎堆选择,也能够较好匹配导师和学生。在具体指导环节,大一、大二的基础听、说、读、写部分由单个导师指导完成,到了大三年级实现导师团队共同指导和教师个人指导完成。比如,A同学到了大三选择跨境电商方向,但是自己前期选择的导师更擅长教师方向,此时学生的个人学业帮扶之类由原来的老师进行指导完成,对于跨境电商的相关专业的学习指导由相应的导师团给予指导,在此过程中前期的指导教师也要保持与其他导师团的沟通交流,能够督促学生完成相应的训练。由于每位老师都会进入一个方向的导师团,因此在工作量核算上还是按照大一分配的人头计算,对于团队承担较多学生指导工作的给予一定的绩效奖励,这样也可以鼓励老师们朝着专业化方向发展,吸引更多愿意学习的学生。到了

67

大四，就业指导还是由原来分配的导师来完成。对于考公考编的同学，需要联合校外的机构、企业给予学生专业化的指导，当然教师本人也可以通过学习培训给予学生一定的帮助。可以说，这样的导师制选配机制既能满足学生多元化的需求，也能更好激发教师的自我提升积极性，让教师朝着专业化的道路发展，这无疑有助于促进整个专业教学质量的提高。

通过导师制的实践，可以看到该制度对于学生的成人成才和教师的个人发展起到了积极的推进作用，主要体现在以下几方面：

（1）有利于培养学生的自信心。独立学院的学生学习基础普遍比较薄弱，甚至部分学生对英语专业的学习缺乏自信。导师制实际上也是精细化培养的方式，每周导师与学生见面进行学习指导和思想交流，让学生不再迷茫，知道自己的专业发展方向以及自己需要努力的方向。这种情感交流让学生更加自信、更加阳光，也有利于学生的专业学习。很多学生从大一的迷茫中找到了学习的乐趣，看到了自己未来的职业前景，甚至有的学生还选择出国深造。

（2）有利于培养学生高尚的思想品德。大学生不仅要学习，还需要有崇高的思想品德。虽然每个班都配备辅导员或者班主任，但是学生人数众多，很多时候辅导员或班主任无法顾及所有学生的思想动态。每周的导师见面正好可以很好了解学生的思想动态，对于存在的问题及时给予解决。在导师制的实践过程中，我们也观察到，学生素质越来越高，没有极端思想的学生。以情化人的工作方式在导师制实施过程中至关重要。

（3）有利于学生的专业化学习。平时学生学业负担重，很多学生疲于完成老师布置的课后作业，不知道未来工作中什么技能最有用。笔者所在高校英语专业导师制则是根据学生专业发展需求量身定制的。前期的基础读、写、说让学生能够较好地运用英语，后期的方向指导则为学生的就业提供了帮助。比如，在指导学生翻译实践的时候，让学生先复习在校学过的翻译理论知识，随后给予一些翻译公司的实战资料让学生进行学习并每周与老师交流遇到的问题，进而进行相关的实战训练。在不断的学习讨论中，学生对于不同的翻译材料有更清晰的认识，同时也知道如何在实践中运用所学的理论知识。

（4）有利于教师的专业化发展。导师制表面上是指导学生，实际上对教师的专业发展提出了更高的要求。比如，在指导时文阅读时，教师自己得进行相关的阅读，否则无法很好地指导学生。在后期的专业方向的指导中，教师也必须首先进行专业方向的学习才可以指导学生。因此，教师对各个不同的发展方向得有深入的了解和研究，这对于教师的成长也极其有利。

导师制的工作不能像上课那样固定时间、固定教室，因此督导监管过程相对困难，但是为了保证此项工作的务实开展，还是需要对导师制工作进行量化考核和过程性评价。其中过程性评价包括学院兼职督导、教研室主任和教学副院长能够了解导师指导学生的过程，以及导师在工作群内上传指导学生的照片。量化考核主要是学生对导师制工作的评价，笔者在工作中设计了"导师制问卷测评表"对导师制工作进行测评（表2）。该问卷包括8道客观题，进行量化评分：非常满意为4分，较满意为3分，一般满意为2分，不太满意为1分，非常不满意为0分。最后2道题为开放性主观题，针对学生提出的建议和意见进行整理，教研室对相关导师进行约谈，了解具体情况，同时对于学生评价高的导师给予指导量的系数奖励、颁发证书，让导师能够有获得感。

表2　导师制问卷测评表

1. 你的姓名：
2. 你的专业年级：
3. 导师的姓名：
4. 你对导师定期与你沟通联系的满意度：
A. 4
B. 3
C. 2
D. 1
E. 0
5. 你对导师给你学业帮助的满意度：
A. 4
B. 3
C. 2
D. 1
E. 0

(续表)

6. 你对导师开学初就给予你明晰的导师制指导计划的满意度:
   A. 4
   B. 3
   C. 2
   D. 1
   E. 0

7. 你对导师对你生活学习关心的满意度:
   A. 4
   B. 3
   C. 2
   D. 1
   E. 0

8. 你对导师鼓励你们参加各类实践活动的满意度:
   A. 4
   B. 3
   C. 2
   D. 1
   E. 0

9. 你对导师是否鼓励你参加学科竞赛并给予指导的满意度:
   A. 4
   B. 3
   C. 2
   D. 1
   E. 0

10. 你对导师因材施教的满意度:
    A. 4
    B. 3
    C. 2
    D. 1
    E. 0

11. 你对导师树立良好的师德形象的满意度:
    A. 4
    B. 3
    C. 2
    D. 1
    E. 0

（续表）

12. 你最想对导师说什么？
   _____
   _____
   _____

13. 你认为导师制有哪些方面需要改进？
   _____
   _____
   _____
   _____

以下是 2023 年对武汉工程大学邮电与信息工程学院外语学院导师制工作开展的问卷调查反馈分析（图1）。从 273 名学生的反馈来看，大家对导师制的满意度很高，且希望该制度继续保持下去。同时，对于教师的满意度为非常满意的占 90%。由此可见，本科生实习导师制是一项利生工程，值得持续优化改进。

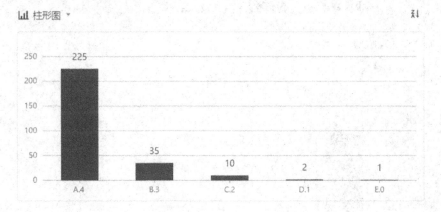

*04 你对导师定期与你沟通联系的满意度：

*05 你对导师给你学业帮助的满意度：

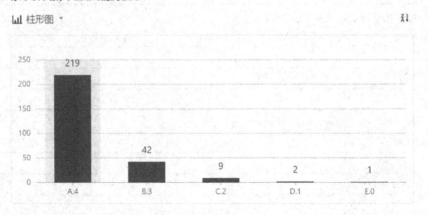

*06 你对导师开学初就给予你明晰的导师制指导计划的满意度：

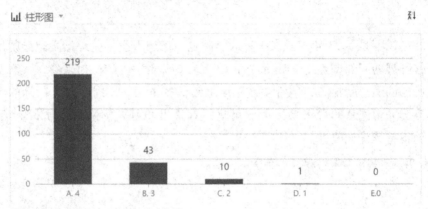

*07 你对导师对你生活学习关心的满意度：

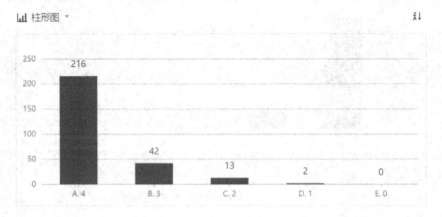

/ 6. 应用型商务英语人才培养模式 /

*08 你对导师鼓励你们参加各类实践活动的满意度：

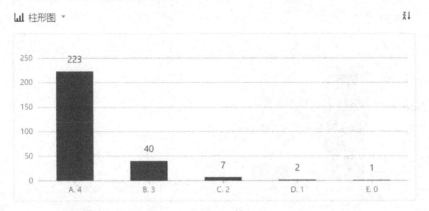

*09 你对导师是否鼓励你参加学科竞赛并给予指导的满意度：

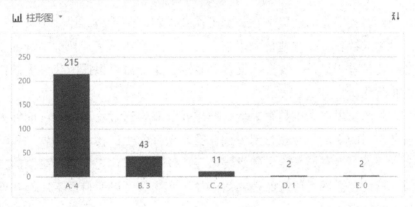

*10 你对导师因材施教的满意度：

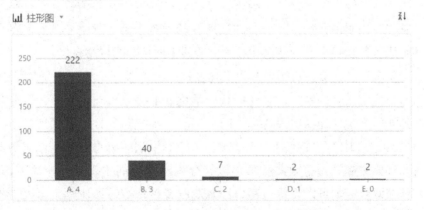

*11 你对导师树立良好的师德形象的满意度：

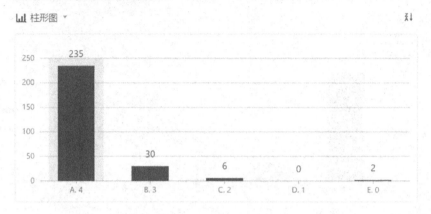

图 1　导师制问卷调查分析

当然，在实施的过程中导师制工作会面临诸多挑战，比如师资力量不够、学生人数较多、教师精力跟不上，而应用型本科院校教师本身的教学任务就比较重。另外，校企深度合作较少，这个需要根据时代发展的需求进一步优化。

教师的反思能力也是育人成效的重要保障。通过反思，教师能够更好地看清自己的不足，能够时刻提醒自己要做好学生的榜样。反思性教学是提升外语教师教育教学能力的重要途径。外语教师首先要明晰国家的方针政策，从而在微观上调整课程的教学方法和内容，以使得学生能够在课堂上学到足够多的服务于社会的知识和本领。近些年来，由于信息化技术的快速发展，线上教学弥补了线下教学的时空局限性。外语教师在这种情况下首先应该明白信息技术融合的反思性教学对于师生都是极其有利的，从而采取各种途径来利用信息化技术实现线上线下教学的融合发展。

反思性教学会让教师通过以下途径提高教育教学能力。① 通过反思教学不断优化教学内容。信息化时代，学生获取信息的途径众多，因此外语教师如何为学生提供实用有趣、网上不能直接搜到的且紧紧围绕教学大纲的内容是一项极具挑战的工作。比如，针对单词的意思，学生可以借助网络和词典完成预习，因此教师可以充分调动学生的主动性完成这些内容。教师在课堂上则可以设置一些单词游戏或者写作练习，让学生可以使用这些单词或者讲解这些单词的日常用法和相关考点，这样学生的兴趣会更加浓厚。对于课文的内容，学生可以通过各种途径获取译文，如果教师只是逐字逐句翻译给学生，实则是无效的教学。如果教师能够对文章内容进行深度解析和拓展，给予学生一些价值观的引导，这样既增加了文章的深度也拓展了文章的宽度，能够帮助学生认识世界、理解世界，让外语教学潜移默化地肩负起"立德树人"的根本任务。② 通过反思教学不断迭代教学方式。传统的外语教学中，教师多采用讲授法、任务型教学法，学生多处于被动接受知识的状态。伴随着互联网成长的一代学生习惯了新鲜的教学方式，更注重直观的视觉体验。外语教师可以通过互联网不断学习新的教学方式，如采用翻转课堂、微课等方式让学生用生动的方式摄入丰富的知识，在课堂上可以就相关问题进行深度讨论，采用项目式等教学方法激发学生自主独立思考和团队合作的能力，逐步培养学生的思辨能力和表达能力。③ 反思性教学是提升外语教师教学科研能力的重要基础。教学信息化时代，外语教学模式和教学内容发生了深刻的变化，教师在此过程中需要不断适应新的教育教学环境，认真反思教学中需要提升的专业知识和信息技术的应用，而这些反过来又可以为教师的科研、教研和教育教学提供新思路，为教师的专业化发展提供理论支撑。

传承、创造和传播知识是大学教师的基本使命和职责，因此高校外语教师的教学必然与研究关系密切，这样才能做到教研相长，对教学进行思考形成有价值的研究成果，将研究成果应用于教学。尤其是外语教学，从外行来看就是语言的传授，实际上远不止于此，外语教师需要将相关的外语教学理论和二语习得理论应用于教学之中，帮助学生理解语言的深层逻辑和语言之美，从而创造更为丰富的语言。如果教师能够对教学中发现的问题运用相关的教学理论加以解决，为新时代的教学提供一些可靠科学的方法，将会是教研互促的最好方式。

6.1.4 政、企、校协同育人机制建设

2015 年，教育部、国家发展改革委和财政部在《关于引导部分地方普通本科高校向应用型转变的指导意见》中明确提出推动转型发展高校，把办学思路真正转到产教融合、校企合作上来。2017 年 12 月，国务院办公厅在《关于深化产教融合的若干意见》中提出了"全面推行校企协同育人"的产教融合总目标。就高素质应用型人才培养而言，产教融合、校企合作的本质就是要校企协同育人。

校企协同育人的基本内涵是校企合作、产学合作、双向赋能。其不仅能够提升高校人才培养素质,还能够提高企业科技创新能力。校企协同育人的核心是协作、共享、集成、融合,在当下是一种新型教育理念。校企协同育人是高校和企业将资源整合和优化配置,以培养学生综合能力为目标的新型人才培养模式。这一新型育人模式是培养创新实践人才的战略选择,为高校人才培养提供了新方向,开辟了教育改革的新路径。校企协同育人主要通过实践教学实现,在实践教学中实现育人,反过来实践育人也体现了校企协同育人的重要特征。目前实践育人主要围绕实践教学、师资培训、课程建设、教材建设等方面开展,其实现途径主要包括高校自主推进型、企业主导型和政府引导型三种。总体来看,协同育人的核心在于"协同",是地方本科高校培养高素质应用型人才的着力点,也是国家发展的迫切需求。在协同育人过程中,各方协同发力,互相影响,为提升人才培养质量彼此融合发展。

在新文科建设的背景下,在"十四五"规划等一系列国家战略的部署下,应用型本科院校应该主动应对科技和产业的发展需要,更新教育教学观念,坚持以生为本,狠抓师资队伍建设,以培养高素质应用技术型人才为核心,做到守正创新、协同发展,不断探索育人新路径。校企协同育人就是要通过产教融合的方式实现,建立产业与学校同向同行的育人机制,这也是应用型本科院校打造特色人才培养的重要举措,当然也是当下的痛点问题。商务英语专业作为新文科专业之一,其建设过程必须依托地方特色和区域优势,探索与相关行业、企业优势互补的协同育人机制,致力于培养面向地方区域性经济发展,能够服务于当地经济建设的创新型技术人才。商务英语专业的人才培养不仅只是关注"象牙塔"里的学生,而应该放远眼光,眼观四方,要看到周围院校、社会的需求,要有从外部获取发展资源和能量的格局。要善于利用外部力量来发挥自身,尤其是要加强与政府、企业的合作,搭建政、校、企三方合作平台,实现多方互惠共赢,构建可持续的三方合作机制是培养应用型商务英语跨学科人才的重要战略。政府是拓展校企合作渠道的桥梁和"催化剂",对校企合作起着重要的作用,能够有序地推动学校智力资源和科研成果进入社会,并转化为现实的生产力,实现经济效益的增长。企业是用人主体单位,也是创新创造的主体,可以为学生提供实习实践的平台,是检验学生理论学习的重要机构,能够为学校的人才培养提供反馈意见和建议,能够为学校的高质量办学提供智力支持和资源支持。企业具有对市场"春江水暖鸭先知"的敏锐感知力,对于行业的发展动态有着一定的预判能力,因此企业的人力资源部门可以为学校制订人才培养方案提供建议,培养适合社会需要的人才。比如,根据最近几年跨境电商行业、企业反馈,学生如果会简单的PS,在求职和工作中更具竞争力。有部分应用型本科院校就开设了"跨境电商美学"这类课程,这是一个企业反哺学校的案例。学校是人才培养的重要阵地,聚集了人力资源优势,是企业人才储备库,能够为企业匹配不同类型的人才。政府在公众心目中是极具权威性的部门,如果由政府来主导校企合作,家长、学生会更信任、更珍惜。比如毕业生就业招聘会,一般都是政府参与搭线,由当地人社局动员合规企业参与高校的人才招聘,这种招聘会人才匹配度高,为企业节省了招聘成本,为学生提供了优质的就业机会,可谓是两全其美。所以政、校、企通力合作,走产教融合之路,才能发挥各自优势,实现资源共享共建,达到利益最大化。

理解协同育人的前提是充分理解协同效应。协同效应就是使参与协同的各方获益、整体加强,最终达到共同发展的效果。协同育人的目的是通过搭建协同育人平台,充分发挥各类育人主体的作用,以求最大化教育工作效能,最终提高人才培养的质量,这是协同理论在教育领域的运用(徐畅、解旭东,2018)。

协同育人平台可以是有形的实践基地、实训平台,也可以是无形的技术支援,其关键在于能够提高主体之间的协作效率,发挥各个主体在育人环节的作用。应用型本科院校的协同育人是以协同机制创新为基础,完善高校人才培养机制,推动学校与政府、行业组织、企业等机构开展深度合作,通过建立产业学院、订单班等形式深度整合各类教育资源,充分凸显人才培养的协同效应,构建起多元主体共同参与的立体化技术技能人才培养模式。

纵观协同育人的本质,其实现过程需要把握三个关键点:(1)把育人工作作为人才培养的根本任务,坚持以提高人才培养质量为落脚点。政、校、行、企协同育人的重点在于"协同",出发点和落脚点在于"育人",因此"育人"是协同育人机制构建的方向标。(2)强化"协同"合作,实现合作共赢。不论校企之间以何种形式协作、搭建何种平台育人,其目的都是为了实现双赢，最终实现人才培养的高效率。可以说，彰显协同育人效率的机制建设也是具有价值的工作。(3) 体现长期主义。协同育人需要通过建立协作的长效机制来实现，是一种长期主义思维的体现，有别于过去短期的校企合作教育和产学研合作教育，它必须是稳定的、长期的、可持续发展的、能够体现育人功效的机制。毕竟育人是一项长期的工程。若学生去企业就业，企业需要与校方建立长期的互动机制，反馈毕业生的发展状况，以便校方及时了解人才培养的质量。另外还可以充分利用优秀的校友资源进行开创性的育人工作。

近些年来，高校通过企业导师进高校、高校教师进企业的双向模式，推动校企交流合作，并取得了一定的成效。有的高校依靠认识实习、专业实习和毕业实习等环节让企业和学生相互了解，帮助学生就业，促进企业快速获得优质人力资源。在协同育人机制的建设上，商务英语专业可以通过以下途径开展相应的校企协同育人活动。

(1) 订单班合作组建机制。校企协同合作可以通过组建订单班，开展定制化培养模式进行。订单班组建需要校企紧密配合，按照以下程序进行：校企共制培养方案→学校组织动员→企业专场宣传咨询会→学生报名→企业初步审核名单→理论考试→实操考试→企业面试→企业审核确认名单→组建订单班→学生接受考核→考核合格者进入企业上岗。组建订单班实际上是提前为企业物色人才，为学生提供了一条明确的职业发展方向。通过订单班的组建，学生不仅学习校本课程，还可以学习企业开设的课程，让学生提前了解学习企业所需的专业知识、了解企业文化，这也在一定程度上增强了学生对企业和职业的认同感，提高了学习专业的积极性和自信心。比如，商务英语专业的学生可以与大型跨境电商企业合作开设订单班，语言知识由校方进行教授，企业所需的具体与客户交流的程序平台由企业提供，共同制订培养方案，让学生能够学以致用，企业也在一定程度上解决了人才培养的时间和精力问题。

(2) 教师协同培养机制。在合作过程中，一方面是校方为教师提供教育教学的业务培训、开展专题学习活动、派教师参加假期顶岗实践锻炼；另一方面，通过一流课程建设、教学创新大赛等活动，企业可以直接参与教师团队的建设工作。比如，在建设"外贸函电"的一流课程中，企业可以与校方教师合作进行课程建设，企业可以将实际工作中的真实案例提供

6. 应用型商务英语人才培养模式

给校方的任课教师，教师可以通过对比分析等方式让学生切实看到何种外贸信函的写作更能打动客户，更容易促成订单成交。当然对于师资的培训，企业也可以组织教师进行相应的资格证的考试，并进行企业认证。

（3）实践育人共建机制。校企之间坚持合作共建、资源共享、互利共赢的原则，共建实习实训基地。一是企业根据实际工作需求提供相应的实训平台，与校方根据学生的实际情况一起制订培养方案，做到与校本课程体系的有机融合，同时能够培养企业所需的人才；二是企业根据公司运营的淡旺季，安排适量的岗位给优秀的师生，在合适的时间进行顶岗实习，如此教师可以更有效地改革课程教学，取舍教学内容，做到理论与实践相衔接；三是按照企业要求在校区内设置工作坊，引入企业文化管理规范、业务流程等，模拟真实的工作环境。比如，与"商务谈判"类似的课程可以采取这种模式进行，在此过程中企业指导人员与校方教师共同开展课程教学，实现协同育人。

（4）教学共商共管机制。对于订单班的课程设计，如果让校本老师个人设计容易脱离实际，因此需要企业的专人进行共同商议，并且给予一定的指导，这样才能让理论与实践无缝衔接。具体做法是：① 实施精细化教学管理。根据专业人才培养方案，校企双方将四年的培养目标任务详细分解成各年度和学期教学目标，绘制进度控制图，并对所开设课程、技能训练项目等做出详尽安排，准确控制教学进程，按照企业的管理链模型开展教学管理。② 强化教学过程控制。教师在开始教学之前撰写教案、制作教学课件、选用教材等时可以请企业的专家进行指导审核，企业安排专人对订单班每学期教学实施情况进行跟踪检查和详细记录，保证教学实施效果。③ 建立"三位一体"教学管理机制。为了科学检测评价教学效果，应该建立由合作企业教育培训部门、学校教务处和学校二级学院共同合作的教学管理运行机制，做到全过程的监督指导，让教学更接地气，更具时效性。

（5）能力导向评价机制。对于应用型本科院校的学生，重点突出能力和素质培养。比如，应用型本科院校商务英语专业的学生对于高端的商务口译很难胜任，但是可以进行基本的日常口语交流。因此，在考核上，需要采取多元化的评价手段，重点考核学生的表达沟通能力、解决问题的能力、规划能力以及运用办公软件熟练进行业务处理的能力。从个人素质来看，主要考查学生的敬业奉献精神、责任感、面对挫折的态度等。未来为了确保考评的公正性，还可以通过第三方与学校、企业共同评价学生的能力，最终公开透明地选拔企业所需人才。

（6）随机检查机制。合作企业委托第三方机构组织专家对学校教学情况进行随机检查。随机检查采取事先不打招呼、突击检查的方式进行，主要为来校的实地检查。第三方专家通过审核学校报送给企业的教学文件与资料、听取师生反馈意见，结合随机检查学校教学情况，从多个方面对学校教学质量进行量化打分，综合评价学校教学质量情况，目的是促进校企双方齐心协力，提升合作育人质量。

（7）顶岗实习与就业服务机制。校企合作中实行以企业为主导的实习机制，双方共同制订实习管理规定，规范实习管理流程、实习内容、考核标准和实习安全管理、生活福利待遇等各项标准。接受学生实习的单位，必须落实岗位，选派具有内部培训师资格的技术人员担任指导教师，制订详细顶岗实习计划，按照企业正式员工的要求进行管理和技术等级考核。同时对于优秀的实习生需要提供何种留任机制或者奖励机制都需要进行明确说明。

（8）学生资助与追踪管理机制。在校企合作过程中，尤其对于订单班的学员，校企双方需要共建学生个人档案，并实时记录学生的个人表现，详细的台账能够为校企双方精准帮扶学生提供参考。对于经济困难的学生，企业可以通过设立奖学金的方式给予奖励，这能够增加学生对企业的认同感，也更加有信心学有所成后回馈企业和社会。同时，校方在资助政策上也可以给予学生政策的详细解读，鼓励学生积极乐观面对困难，这也能让学生进一步认可学校的工作。可以说周到细致、暖心的学生服务工作不仅让学生倍感温暖，还会让校企双方倍感踏实，因为这正是育人的良好体现，也是校企双方的初衷。

（9）毕业生延伸服务机制。毕业生毕业不代表与母校的关系就断裂了，学生走到哪里都是母校的牵挂。因此，为了充分利用资源，发挥学校的育人功能，学校与企业可以共建培训中心，承担企业员工的培训服务。毕业生如果当前面临职业困惑，可以回母校培训中心再充电。同时，优秀的毕业生也可以给母校提供相关的就业资源和培训资源。这些毕业生延伸服务机制实际上是对校友资源的充分利用，是让学生彼此受益的一种良好途径，可以说也是促进学生终身学习的一种策略。

商务英语专业就业面相对较广,因此在人才培养中不可忽视政府的引导作用,要充分调动地方政府和社会力量参与"三全育人"体制机制建设。通过将"三全育人"工作有关内容纳入考核内容推进校地联动,并组织开展"三全育人"考评,进一步优化、净化校园周边环境,为大学生开辟更多的公共活动空间和德育实践载体,建设有影响力的德育实践高地和"三全育人"综合改革示范区。一方面,加强与人社局的合作,发挥区域育人资源优势,挖掘区域自然资源、红色资源、文化资源和企事业单位资源的育人功能;另一方面,通过地方政府与学校、家庭、社会各方的密切合作,集聚校外育人力量和育人资源,打造家校联动、校企联动、校地联动的协同配合机制,构建立体化合力育人体系。拓宽实习就业资源,引入适合本校定位的优质企业,让学生就业无忧。建立相关单位联席会议制度或协商机制,挖掘政府相关部门适合本专业的实践就业资源,为学生打破信息差。比如,每年有学生想考体制内的编制,但是苦于不知道有什么岗位合适。学校可以在中间承担起桥梁的作用,为学生提供一些实用信息。比如,近几年社区扩招工作人员,商务英语专业学生具备较好的语言文字功底,有的党员学生热衷于服务基层的工作,导师可以鼓励学生积极参加此类考试,顺利进入体制内工作,在各自岗位上奉献青春力量。在日常教学实践中,学生每年需要完成一定的社会实践工作,但是学生自己去寻找社会志愿服务资源是较为困难的,学校可以联合政府精准找到需要学生志愿者的机构,这样实现了双向奔赴。比如,中小学4∶30放学问题一直困扰很多家长,可以充分利用高校大学生资源,选拔优秀的志愿者组建团队解决这一痛点问题,社区或者中小学校可以提供相应的场所,高校可以提供人力资源和相应的教学资源。

总体而言,政府、企业和学校可以在某些领域通过适当的方式进行合作,实现协同育人,这是一项利民工程,不仅能够促进大学生的成长,还有利于企业机构获取优秀的人才,甚至可以协助解决一些社会痛点问题。

6.2 基于OBE教育教学理念的人才培养模式

基于OBE教育教学理念的人才培养模式是以学习产出为中心来组织、实施和评价教育的模式,相比于传统的教育模式,OBE教育教学理念不是将焦点放在教学内容、学习时间、学分和成绩上,而是更关注学生的学习成果、如何取得学习成果和如何评估学习成果。教学过程强调以学生为中心,让学生从被动学习转向主动学习,强调学生的学习过程和学习结果,以学生不断反馈为驱动,使教学和学习过程达到可持续改进。教学计划围绕学生毕业能够达到一定的知识、能力和素质要求,设定具体的目标与要求,最后评估达成度,教学计划能够明确反映对毕业要求的支撑。因此,OBE 教育教学理念支撑的人才培养模式需要考虑市场需求,狠抓课程内涵建设,加快师资队伍建设,实现以人为本、以生为本的个性化指导。

OBE 教育教学理念实施重点是关注学生通过课程教育最后所取得的学习成果。在进行课程设计和实施时教师要思考:① 该门课程想让学生取得的学习成果是什么?② 为什么要让学生取得这样的学习成果?③ 如何有效地帮助学生取得这些学习成果?④ 如何知道学生已经取得了这些学习成果?整个课程设计和实施过程中要以学生为主体、以能力为本位、以学生学习内化为主旨,帮助学生取得预期的成果。"以学生为主体"是让学生明白为什么要学、如何学,引导学生以"主人翁"的态度对待学习,自觉参与每个教学环节,积极接受教学任务,自我挑战。遇到问题,善于思考,努力寻求解决问题的方法。为了充分体现"以学生为主体"的教学观念,教师应该根据目前学生喜爱"体验式"的行为方式,采用"体验式"的教学方法,激发学生的学习兴趣。每个知识点、每个章节、每个单元的设计尽可能使学生置身其中、身临其境,以任务、挑战、悬念、猎奇等情景催生学生学习知识、探究问题和完成任务的欲望。

6.2.1 以市场需求为导向设计人才培养体系

在制订商务英语专业人才培养体系时,制订者要调研市场需求,结合校本实际情况、学生的能力水平,充分考虑其可行性和科学性。就应用型本科商务英语专业来说,大部分学生的英语水平比起同类学校非英语专业学生要好,但是比起研究型高校本科专业学生的英语水平要差,因此我们不能直接照搬研究型高校的人才培养体系。据官方数据显示,近些年跨境电商行业发展迅猛,中国商品走出去的热潮仍在持续,但是过去几年高校人才培养的数量和质量还未达到市场的需求,因此在当前的人才培养方案制订时一定要充分了解社会和企业的实际需求。笔者通过对省内外大型跨境电商网站数据的了解以及与部分企业的人力资源部门沟通,得出的结论是:新时代的跨境电商人才有别于传统的外贸人才,不仅要求学生会一些基本的国际贸易知识、外贸信函写作能力和基本的口语表达能力,还需要学生熟悉当下的一些跨境电商操作平台,比如阿里巴巴国际站、亚马逊、易贝等多个网站的操作规则。跨境电商行业有不同的岗位,学生也需要具备相应的技能才可以胜任相应的工作,比如数据运营师,要学会根据数据帮助商家优化关键词、美化图片等,需要有一定的分析问题、解决问题的能力;跨境直播要求学生具备良好的听说能力、灵活处理事务的能力;对于选品师要求具备一定的市场洞察力,了解国外不同地域的人文风俗习惯,找对合适的产品尤为重要。切实制订人才培养方案的过程主要包括以下几方面:

(1)市场调研,确定培养目标

笔者对毕业生和用人单位进行调研,总结出以下几个要点:就学生的专业知识来讲,需要具备基本的英语听说能力,能与外国客户无障碍地沟通;在实际的订单处理过程中,需要具备相应的外贸函电写作能力,了解对方的风俗文化礼仪,运用有效的策略实现成交;在贸易交流中,要了解国内外相关的政策,并且熟知相关的物流、保险、商检等知识。就学生的专业能力来讲,需要具备常见大型平台的运营能力、运用办公软件进行数据统计和分析能力、具备文案策划和推广能力、能够运用现代信息办公技术提高工作效率的能力、能够实用PS进行修图的能力。就学生的个人素养而言,企业希望学生具备乐观积极的态度,有态度就一定能学好。当然作为较为复杂的营销岗位,所有环节是紧密相连的,学生必须具备团队合作精神。由于跨境电商行业时差问题、淡旺季问题,必然面临加班等情况,学生必须具备吃苦耐劳的精神。由于涉及客户机密和商业机密,学生一定要具备良好的职业道德。由此看来,企业对商务英语专业学生的要求主要包括知识、能力和个人素养三个方面。

通过调研数据,利用反向设计原则,我们可以确定应用型商务英语人才的培养目标:旨在培养德、智、体、美、劳全面发展,掌握扎实的英语语言基础知识、国际商务基础理论以及跨境电商领域的专业理论知识,拥有良好的人文素养、国家情怀和国际视野,具备英语应用能力、商务实践能力、跨文化交际能力、创新创业能力,能适应国家与地方经济社会发展、对外交流与合作的需要，能在国际环境中从事外贸、跨境电商、商务接待、商务翻译等工作。

(2) 确定毕业要求

培养目标确定后，为了达到培养目标，根据成果导向设计原则，接下来就要确定毕业要求。毕业要求是达成培养目标的有力保障，培养目标能否实现取决于毕业要求，而培养目标是确定毕业要求的依据。根据培养目标，可以设定相应的毕业要求（表3）。

表3 商务英语专业人才毕业要求

行业需求	培养目标	毕业要求
1. 基本的英语听说能力 2. 外贸函电写作知识 3. 跨文化沟通知识 4. 目标市场的风俗、文化、礼仪等知识 5. 国内外相关政策 6. 与外贸相关的物流、保险、商检等知识 7. 一门小语种	专业知识	1. 英语听、说、读、写、译达到专业水平，具备英语专业四级相当的水平。 2. 掌握相关的外贸、跨境电商知识。 3. 了解国内外贸易的政策和市场动态，具有国际化意识。 4. 熟悉跨文化交际的原则。 5. 了解国际商法中的相关知识。 6. 掌握一门第二外语，能够基本交流。
1. 需要具备常见大型平台的运营能力。 2. 运用办公软件进行数据统计和分析能力。 3. 具备文案策划和推广能力。 4. 能够运用现代信息办公技术提高工作效率的能力。 5. 能够运用PS进行修图的能力。	专业技能	1. 能够独立操作亚马逊、阿里巴巴国际站、速卖通、E-BAY等各种跨境电商平台。 2. 能够掌握常用的数据分析软件，并能根据数据调整营销策略。 3. 掌握一定的文案撰写技巧和新媒体营销策略。 4. 能够熟练运用常见的办公软件。 5. 掌握一定的PS技巧。
1. 乐观积极的态度 2. 团队合作精神 3. 利他主义 4. 吃苦耐劳的精神 5. 良好的职业道德 6. 市场洞察力	个人素养	1. 具有乐观积极的态度。 2. 具有团队合作精神。 3. 拥有利他主义。 4. 具备吃苦耐劳的精神。 5. 具备良好的职业道德。 6. 具备市场洞察力。

(3) 设置相关课程

根据行业需求设定毕业要求后，下一步就是细化到具体的课程之中。毕业要求是构建课程体系的依据，课程体系是达到毕业要求的重要保障。

毕业要求实际上是对毕业生应具备的知识、能力、素质结构提出了具体要求，这些要求必须通过与之相对应的课程教学来实现。也就是说，毕业要求必须逐条地落实到每一门具体课程中，每门课程都要根据毕业要求的相应点进行教学大纲和教案的设计（表4）。

表4 商务英语专业课程设置

培养目标	毕业要求	课程设置
专业知识	1. 英语听、说、读、写、译达到专业水平，具备英语专业四级相当的水平。 2. 掌握相关的外贸、跨境电商知识。 3. 了解国内外贸易的政策和市场动态，具有国际化意识。 4. 熟悉跨文化交际的原则。 5. 了解国际商法中的相关知识。 6. 掌握一门第二外语，能够基本交流。	1. 商务英语听力、商务英语口语、商务英语阅读、商务英语写作、商务英语翻译、综合英语等 2. 跨文化交际、中国文化概论 3. 跨境电商概论、国际贸易实务、国际商法
专业技能	1. 能够独立操作亚马逊、阿里巴巴国际站、速卖通、E-BAY等各种跨境电商平台。 2. 能够掌握常用的数据分析软件，并能根据数据调整营销策略。 3. 掌握一定的文案撰写技巧和新媒体营销策略。 4. 能够熟练运用常见的办公软件。 5. 掌握一定的PS技巧。	跨境电商办公软件应用、跨境电商视觉美工、新媒体营销、跨境直播实务、跨境电商平台运营实操、商务模拟实验、商务研究报告等课程
个人素养	1. 具有乐观积极的态度。 2. 具有团队合作精神。 3. 拥有利他主义。 4. 具备吃苦耐劳的精神。 5. 具备良好的职业道德。 6. 具备市场洞察力。	1. 创新创业课程 2. 职业生涯规划 3. 通识类思想政治教育课程 4. 认识实习、专业实习等实践课程

课程设置还可以通过模块的形式表现出来（表5），每个模块包含了对应毕业要求的各项知识和技能训练的诸多课程，形成与培养目标对应的课程群。课程群之间层次分明、梯度明显。低层次的课程是高层次课程的基础和支撑，高层次课程是低层次课程的延伸和提高。课程群既相对独立又相互映射，形成了延续、完整的课程体系。整个课程体系随着时代的发展不断迭代更新，尤其对于应用型本科院校来说需要增加多方向的专业技能课程，突出应用型商务英语人才的特点。

表5 商务英语专业课程模块

课程模块	理论课程	实践课程
通识课程模块	思想道德与法治、中国近现代史纲要、马克思主义基本原理、毛泽东思想和中国特色社会主义理论体系概论、习近平新时代中国特色社会主义思想概论、形势与政策、大学语文、大学体育、计算思维与程序设计基础、大学生心理健康教育、大学生职业发展与就业创业指导、军事理论	创新创业训练、劳动素质教育
学科基础课	商务综合英语、商务英语阅读、英语听力、商务英语口语、英语语音、英语语法、商务英语视听说、商务英语写作	
专业必修课	英语报刊选读、跨文化交际、第二外语、英语演讲与辩论、英美概况与文化、语言学概论、英语文学选读、跨境电子商务、商务英语翻译、高级商务英语、跨境电商办公软件实操、跨境电商视觉美工、国际贸易实务、跨境直播实务、国际商法	商务模拟实验 商务研究报告写作 认识实习 专业实习 毕业实习 毕业设计（论文）
专业选修课	商务谈判、商务礼仪、新媒体营销、中国文化概况、文案策划与设计、数据统计与数理分析	

以上是根据市场需求反向设计人才培养体系的整个过程，如果把人才市场比作消费市场，那么我们培养的学生就是商品，商品要满足目标市场客户的需求才有更好的销路，生产商才有信心和财力不断扩大市场规模、优化产品。同样地，如果培养的人才成为市场的"抢手货"，学校的专业品牌会建设得更好，生源更足、更优质，这种良性的循环会促进办学水平不断提高、人才培养质量不断提升。

从商务英语专业本身的定位和对市场调研的结果来看，商务英语专业的课程设置要突出英语交流能力、电子商务能力和国际贸易能力在商务人才培养中的地位和作用，其中英语是核心、是前提，国际贸易是主线，电子商务是平台。在设计跨境电商方向的商务英语人才培养模式的时候，要梳理清楚这三者之间的关系。

商务英语专业学生在跨境电商运营岗位的核心竞争力就是具备扎实的英语语言功底。和单纯的电子商务专业相比，跨境电子商务面对的交易对

6. 应用型商务英语人才培养模式

象是国外的客户，可能通过 B2B、B2C 或者 C2C 方式和不同国家的客户打交道。英语作为世界通用语言，是进行一切对外交流必不可少的工具，这是商务英语专业学生在跨境电子商务岗位竞争中的核心竞争力。所以扎实的英语听、说、读、写、译能力依然是商务英语专业学生的立身之本，跨境电商的交易活动恰好需要运用学生的外贸函电写作能力和英文产品资料的阅读翻译能力以及外贸电话沟通中的口语表达能力。

传统的电子商务是以电子商务网站的开发、运营和维护为主要工作，相当于既要做技术还要做国内市场的营销。但是对于商务英语专业的学生来说，需要借助电子商务创建的平台，运用自己的英语能力和相应的国际贸易知识，与外国客户进行贸易。这个过程包括通过电商平台寻求客户、磋商交易、订立合同，然后通过电商平台完成其他的一切贸易交易手续。因此，商务英语专业的学生能进行英语交流、看懂顾客需求并能够清晰告知顾客相关的贸易流程、产品信息等就可以开展工作，通常可在阿里巴巴国际站、E-BAY、速卖通、敦煌网平台进行潜在客户的搜索和分析、发布企业和产品英文信息、在线报价、询价、磋商、电子签约、在线报关报检、办理托运、跟踪物流信息等。

国际贸易实操能力的培养既是主线也是目的。在传统外贸交易中，通常采取邮寄方式向客户发送商品目录、样品、产品说明书、赠品，或者通过参加各种交易会建立业务联系。但是在如今互联网发达的时代，商务英语专业的学生只需要有英语沟通表达的能力，其他流程都可以通过相应的跨境电商平台完成，所以最重要的是学生能看懂订单信息、付款条件、客户要求等关键信息。在此过程中一定要有相关的线上交易的贸易规则、国内和国际电子商务法律规约、国际惯例、交易风险规避等知识的加持，才可以顺利对接客户，避免造成不必要的经济损失。

应用型商务英语专业培养的是应用技术型人才，人才培养与市场需求联系密切。市场对人才的需求是商务英语专业教学改革和课程体系设计的依据，专业教学改革和课程体系设计要适应当地区域经济特色。学校在商务英语专业课程体系设计过程中要深入行业、企业调研，了解和掌握行业、企业对用人规格和用人质量的要求，掌握人才市场的变化动态，设计出满足市场需求人才培养的课程体系。

6.2.2 以课程内涵建设为抓手提升人才培养质量

在全面提升高等教育质量之时，高校的发展从过去突出关注"物"的外延式发展，即教育规模、教学资源等教育发展的外在物化，转向突出教育系统中"人"的因素，即教育理念、教学评估等教育发展的效益表征。商务英语教学将回归本真，走符合市场定位的职业化道路，培养技能型人才。商务英语专业的内涵式发展不是比规模、比大楼、比论文，而是比质量、比特色、比成效。结合其应用性本质特点，商务英语专业是融商务知识、商务沟通技巧和英语语言能力于一体的实践性专业，这使商务英语教学区别于单纯的英语教学和商务知识教学。要实现商务英语专业在大学本科的内涵式发展，就要加强课程的内涵建设，优化教学内容，重视其过程和规律，让学生在学习过程中不断提升自己的能力。同时，还需要引进新的教学模式，以培养学生创造能力、交际能力和写作能力为目的，培养出真正适合国际市场需求的商务英语"职业"人才。这也与应用型本科院校人才培养的定位完全吻合。

高质量的教育需要通过培养高质量的人才来衡量，而课程是人才培养的核心要素，是教学体系的基本单元。因此，我们要加强课程建设，注重课程内涵式发展，从而不断提高人才培养质量，构建高质量人才培养体系。课程内涵建设以一流课程为抓手，充分调动课程相关的各个要素。应用型本科院校商务英语专业的课程内涵建设应注重思想性、人文性、学术性和工具性"四位一体"的建设思路。

课程的思想性是指在课程中要坚持正确的育人方向，秉持"立德树人"的理念，持续推进"三全育人"。所有的课程都承担着育人的重要作用，都能够透过课本内容给予学生道德品质的积极影响。其实关于课程思想性古今中外皆有说法。中国宋代周敦颐提出"文以载道"的思想。德国赫尔巴特说"我不承认有任何无教育的教学"，主张教学应培养"有道德的人"。第斯多惠认为，"任何真正的教学莫不具有道德的力量"。苏联苏霍姆林斯基认为，物理、化学、天文、数学等科目的讲授过程为培养科学世界观提供了广泛的可能性。（顾明远等，1997）要办好中国人民满意的大学，我们必须坚持课程的思想性，坚持正确的社会主义政治方向和道德精神，培养学生正确的世界观、价值观和人生观，引导学生讲好中国故事。所有的课程都要真正承担起育人的作用。思想性是中国特色一流课程的必然属性。"立德树人"是高校的立身之本。要落实"培养什么人、怎样培养人、为谁培养人"的问题，我们必须扎根中国大地办好中国的特色教育。中国的教育是培养新时代中国特色社会主义的合格建设者和可靠接班人。具体到每个学校、每个专业都有不同的人才培养目标。因此，要实现总的目标，这些微目标一样具备足够的思想性。思想性是一流课程的核心要素。一流课程的首要目标是能够唤醒灵魂和意识，这需要通过课程思政来实现。比如，在商务英语专业课程的课程思政建设中，一方面要大力挖掘课程中蕴含的育人元素，培养学生的家国情怀、社会责任、科学精神、职业素养、审美意识；另一方面还需要唤醒学生对中国传统文化的认同，培养学生讲好中国故事的能力。当然，在应用型本科院校日常的教学中还需要与学生深入沟通交流，通过科学合理的教学规划引导学生做好个人学业生活的规划，教师以身示范。

  对于看似抽象的思想性，我们如何检验呢？通常从教学目标、教学内容、课堂教学实况和课程评价等方面进行。就教学目标而言，除了知识目标和能力目标之外，还应强化价值目标，针对不同的教学内容融入不同的价值元素，达到价值引领和品格塑造的目的。在课程内容的选择上，除了充分利用并挖掘教材本身的内容，还需要拓展专业、行业学术前沿的内容或者行业发展的动态，并科学组织教学内容，达到阶梯递进、隐性融入的目的。就课堂教学实况来讲，需要考核教师组织课堂的能力、传道授业解惑的能力，关注教师对学生的品德教育、价值引领。课程评价采取多元评价的方式进行，督导、同行、领导和学生共同对课程进行评价。

  关于人文性，首先看一下"人文"的内涵。"人文"一词出自《易经》："关乎天文，以察时变；关乎人文，以化天下。"在古代，人文指的是礼乐文化，在现代社会指的是文史哲的知识。商务英语专业作为文科专业，人文性是其本质属性。广义来讲，人文素质包括一切成为人和发展为人才的素质和精神品格。人文性包括人文知识、人文思想、人文方法和人文精神。在商务英语课程体系的建设中，我们需要注重课程的人文思想和人文精神。人文思想主要是人文知识的基本理论和内在逻辑，人文精神则是人类文化或文明的真谛。

  人文性是商务英语一流课程建设的内在要求。商务英语专业缺少理工科学科的强逻辑和成果显化快的特点，但是其对人的潜移默化的影响则是深远的。人活着更多的时候需要精神支撑，商务英语专业课程就是带领学生领略人文精神的阵地，我们要从课程内容的文献素材中汲取正能量，让学生能够在细水长流的教学中不断接受文化的熏陶，具备人文精神。

作为课程建设的关键环节，课程的学术性是不可忽略的。课程的学术性，正如欧内斯特·博耶所描述的那样，"通过科学研究来发现新的知识，不断拓展人类的知识领域"，同时"把不同的学科联系起来，把科学发现置于一个更大的背景、促进更多的跨学科交流和对话、发挥几个不同的相邻学科的综合优势"，然后将理论与实践紧密结合起来，"使教授成为'反思的实践者'，使他们从理论到实践，然后又从实践返回到理论，从而使理论更加真实可靠"（欧内斯特·博耶，2004）。

商务英语课程应随时代的发展更新迭代，这就要求教材选择上一定要与时俱进，确保课程紧跟学科发展和行业发展前沿，有利于学生了解前沿领域知识，并学会用新理论去解决复杂问题。同时，教师需要将前沿的知识理论有效传递给学生，教师要懂得教与学的规律，懂得知识传递的底层逻辑，能够以较好的方式呈现教学内容，做好课堂主导，积极引导学生参与到课堂交流之中。

建成一流课程的关键在于课程的学术性。当前的教育改革都是以学生发展为中心。正如前文所讲到的那样，OBE教育教学理念是当下非常适合高校教学改革的重要理念。OBE教育教学理念的核心在于根据学生毕业要求反向设计教学体系，在此过程中学生不仅要获取知识，还要具备一定的能力和较高的综合素质。学生的学习能力和丰富的知识必须建立在蕴含丰富学术性的课程体系之上。教育部前部长陈宝生提出，对大学生要有效"增负"，要提升大学生的学业挑战度，合理增加课程难度，拓展课程深度，扩大课程的可选择性，真正把"水课"转变成有深度、有难度、有挑战度的"金课"。并用"两性一度"来诠释"金课"的主要特征，即高阶性、创新性和挑战度（陈宝生，2018）。可以说，课程的学术性契合了"两性一度"的根本特征。课程的学科学术主要在于课程教学内容上，能够与学生的认知能力相匹配，这有利于培养学生的探索精神和批判性思维。教学过程中教师教学学术需要通过教师先进的教学理念、创新的教学方法和科学的学业评价方式来实现。教学理念是教师发展的重要指向，教师需要不断学习新的教学理念来丰富课堂教学内容和教学手段。比如，在当下 AI 改变生活的时代，教师需要结合商务英语专业，思考如何借助 AI 让英语学习更有趣、更高效，与学生形成学习共同体，拥抱新时代。当教师有足够的教学理论基础时，教学方法自然就更多了，这时候需要大胆思考，融工作场景等于教学之中，让学生能够感受到知识的力量。学生最在意的是最后的总评成绩，因此教师要有一定的学术方法来促进形成性评价的具体量化。

应用型本科院校的商务英语专业课程建设要体现实用的特征，因此工具性是应用型商务英语专业课程内涵建设的必然需求。英语作为日常交流的语言工具，对有效的对外交流起着重要作用。那么在学校的课程建设中教师就要注重课程的工具性特征，比如在商务英语基础学科模块的课程中要加强学生的阅读和口语训练，在与商务技能相关的课程中要加强学生的动手能力的训练。

接下来，笔者结合商务英语口语的教学来谈谈工具性的体现。在商务英语口语教学中常常面临一些困境，教师可以充分采取交际教学法来设计课程，进行课程内涵建设。英语交际法（Communicative Approach），又称"功能法"或"意念法"，是以语言的"功能—意念"项目为纲，培养交际能力的外语教学法，具有以下特征：① 一切活动围绕交际。交际教学法，顾名思义，是指一切教学活动都必须以交际为目的，这也是该教学法的首要原则。课堂活动是为交际目的服务，师生之间的教学活动要么是直接的交际活动，要么是间接的交际活动。直接的交际活动一般就是直接就某个话题展开讨论。比如，要进行一项市场调研活动，彼此要熟知市场调研过程，从而能够用英语更好地交流。交际教学法对于教师的要求比较高，教师不仅要知道让学生学到什么，还要安排适当的交际活动让学生真正实践自己学到的知识。同时也对学生提出了一定的要求，学生须积极主动地参与课堂活动，锻炼自己的交际能力。② 尽量重视交际过程。交际教学法区别于其他教学法的一个重要标志就是尽可能地在课堂上重视语言使用的交际过程。现实生活中人与人之间的交际形式多种多样，交际过程中人们所使用的语言更是丰富多彩，英语教学如何再现人们的交际过程呢？这是现在英语口语教学一个急需解决的问题。课堂上，每当学生自由讨论的时候，他们经常沉默，这已经是司空见惯的现象了。即使学生开始讨论了，但是中途遇到生疏的词汇、句型或者因为知识面欠缺时，他们就会无法继续讨论下去或者直接用汉语交际。这是交际教学法中所重视的交际特征：信息空白、自由选择和信息反馈。所谓信息空白，指的是交际双方中的一方知道一些东西，而另一方不知道。因此，交际双方通过不断填补信息空白而继续谈论。交际教学法所设计的课堂活动必须有信息空白，否则就是机械性训练。例如，教师在课堂上让学生讨论新学期大家的感受时，学生彼此之间对于他人的感受肯定是不太清楚的，这时候教师就是在组织交际活动。所谓自由选择，就是在填补信息空白时，双方如何回答都是自己选择的。这一过程就要求学生有一定的语言功底和灵活处理语言的能力。同时这一过程对于最后的信息反馈也是极为重要的，对方除了自由选择交际语言之外，还必须根据对方的话语对自己的回答进行相应的调整，这就是所谓的信息反馈。既然是交际，就不能像个人演讲一样只根据自己的思路谈论，而是要适时倾听对方的观点。③ 不要总是纠正错误。交际教学法区别于其他教学法的又一个明显特征就是对学生的语言错误，特别是语法错误，采取比较宽容的态度。交际教学法强调思想的传递，学生可以自由选择语言形式。那么学生在应对对方的信息空白时不可避免地会遇到使用自己没学过的语法、词汇、句型等。这时候大部分学生可能采取其他熟悉词汇或者句型表达观点，这种情况下不正确使用语言的概率也大大增加，这个时候传统的教学法认为应该及时纠正学生所犯的错误。然而，交际教学法则认为不断纠正错误会让学生产生惧怕感，导致学生丧失用英语交流的信心。一些不赞成交际教学法的教师认为，这种鼓励学生犯错误或者从来不纠正错误的做法是不可取的。其实，这是对交际教学法的一种误解，该方法强调不要总是纠正错误。

基于交际教学法的特征，在商务英语口语的教学中教师可以有意识地进行课程内容设计和教学策略调整，让课堂回归自然，让学生能够真正提高口语表达能力。① 还原真实场景。前面我们提到交际教学法中的课堂活动都是围绕交际进行的，但是在实际的教学活动中，有的教师认为只要学生是在交流，开口说话就是交际活动。所以有时会出现教师单独拿出材料中的经典句型让学生不断跟读操练，直至学生对这些经典句型印象深刻为止。或者是让学生模仿材料中的对话，然后编造类似对话进行演练之类的活动，这些在口语课堂上是很常见的。出现这种情况，有可能是教师对于交际教学法本身的运用不够熟练，也可能是教师对于学生出现的各种反应

/ 6. 应用型商务英语人才培养模式 /

不能采取积极有效的措施造成的。有的教师缺乏足够的创新能力，不能够根据学生的特点和兴趣爱好设计一些吸引学生并能锻炼交际能力的交际活动，比如预订酒店、安排会议等真实的场景活动。他们有可能只是借鉴别人设计的一些课堂交际活动，没有很好地发挥自己的主动性精心设计适合现代学生需求的课堂活动。有的教师可能准备了很多活动，但是过多的活动只会让学生不断地背负着吸收新知识的包袱，并没有从根本上激发学生的兴趣。正是因为这些原因，课堂活动有时就会显得机械化。那么在这个过程中教师必须充分发挥自己的协调组织能力，让学生尽享课堂的欢乐，遨游在知识的海洋里。同样，学生也需要积极争取每一次机会，让每一个活动都充分显示其魅力，发挥其强大的寓教于乐的功能。② 激发学生的表达欲望。在传统的教学法中，教师唱独角戏是很正常的。但是似乎在交际教学法占主导地位的今天，学生还是习惯老师唱独角戏。中国学生"金口难开"已经是一个事实，就是在本应该丰富精彩的口语课上，很多学生也只是在静静地听着别人讲，感觉自己就是一个听者而已。很多时候，教师可能会在上面不断鼓励学生，不断给他们提供说话讨论的素材以及方向，甚至告诉他们该如何继续话题，但学生总感觉还是不能流利地与别人交流。而教师也有同样的困惑，他们日复一日重复着在讲台上面的表演，却换不起学生的激情与兴趣。这个过程中很可能是学生对于话题不够了解，觉得无话可说，或者是缺乏足够的词汇去表达自己的观点，这些都会严重影响学生的交际能力，所以教师就担任了主角。教师可以在讨论之前让学生课下了解相关的知识和词汇，也可以在课堂上给学生提供相关词汇和背景知识，这样也许课堂进展会顺利。同样学生也应该大胆地去发挥自己的特长，充分展现自己的风采，可以使用熟悉的词汇和句型表达观点。只有师生共同配合才不会出现教师唱独角戏的课堂情景。③ 允许学生语法表达错误，培养学生自由表达的信心。口语课上，很多学生羞于开口，究其原因，很多学生怕犯错误，害怕教师不断纠正错误，那样会很没面子。这一点与我们中国人的面子问题息息相关。有的教师认为学生在犯第一次错误时就应该指出，如果没有及时纠正，他们会不断犯类似的错误，以至于影响日后与人交际的有效性。所以，他们在课堂上不断给学生纠错，于是学生的畏惧心理不断增强，最后导致课堂沉默。作为外语学习者，我们很多时候也是很在意自己的英语是否语法正确、用词是否恰当之类的问题，所以总是等着完全有把握的时候才敢开口。在这样的教学环境下，教师应该注意学生的心理变化，以及中国人面子文化的问题，所以选择适当的时机纠正错误是教师需要好好把握的一个环节。同样学生应摆脱中国人的面子文化，要敢于尝试，不怕犯错，这样才可能进步。因此，我们要客观地看待语言的准确性，打造流利与准确并行的完美课堂。

基于上述课程建设内涵的途径和方法，我们不难看出课程建设是人才培养的关键所在。因此，教师在课程内涵建设中要以课程思想性为引领，聚焦课程的学术性，构建课程的人文性，实现课程的工具性。只要老师精心设计教学内容，灵活运用各种教学策略，充分尊重学生的发展规律，调动学生的学习积极性，学生自然能够被课堂所吸引。

作为实现课程内涵建设的主要实施者，教师需要坚持以课程内涵建设为目标，经常反思教学中的痛点和难点，并结合自身的能力逐一改进。高校教师可以从课程内涵建设方面进行教学反思，从而实现专业化发展。

近些年，我国高等教育进入高质量发展阶段。外语教学作为新文科建设的一部分，其课程建设也备受关注。作为外语教师，如何站在时代的浪潮中探索适合中国学生学习外语的方法和引领学生用外语讲好中国故事、传播中国智慧和传递中国声音已经成为不可推卸的责任。要成为一名优秀的教师，应该具备政治站位高、专业水平高、育人有方法等多方面的能力。

关于课程建设方面的反思，笔者持续多年对所在高校的几位老师进行调研，他们的反思主要体现在以下几个方面：① 对课程思政建设的反思。在外语教学中，教师们发现学生偶尔存在学习态度消极懈怠、对社会热点问题关心不够、用外语讲好中国故事的能力较为欠缺等多种问题。外语教师应反思如何用现代化教学手段，采用学生喜闻乐见的方式让他们轻松学习语言技能。比如，对于枯燥乏味的课文知识点讲解，教师采取项目式的研讨方法，让学生就与文章内容相关的话题进行深度讨论。其中一位专业课教师在讲到全球生态文明时，让学生分享他们眼中的生态文明是怎样的。学生们纷纷拿出中国在近些年的生态文明建设的成果进行展示，如官厅水库流域治理、贺兰山生态保护修复、云南抚仙湖流域治理、内蒙古乌梁素海流域保护修复、钱塘江源头区域保护、江西婺源乡村建设、塞罕坝沙漠治理等。甚至有学生拿自己家乡的新农村建设来进行展示。无论是知名的生态保护区的修复还是家乡的变化，学生都能自信地进行讲解，并且对于

"绿水青山就是金山银山"的治理理念表示高度认同,并号召同学们从自己做起、从身边小事做起,为环保贡献一份力量。这种"润物细无声"的方式对树立学生正确的价值观有着积极的作用。被调研的几位老师分别采用不同的方式探索课程思政在外语教学中的应用,并且还积极申报了学院首批课程思政示范课。② 对于打造金课的反思。2018年,教育部发文《关于狠抓新时代全国高等学校本科教育工作会议精神落实的通知》,提出"各高校要全面梳理各门课程的教学内容,淘汰'水课'、打造'金课',合理提升学业挑战度、增加课程难度、拓展课程深度,切实提高课程教学质量"。整顿高等学校的教学秩序,"淘汰水课、打造金课"首次正式写入教育部的文件。什么是"水课"?"水课"就是低阶性、陈旧的课。"金课"的特点可以归结为"两性一度":高阶性、创新性和挑战度。高阶性是培养学生解决复杂问题的综合能力和高级思维。创新性体现在三个方面:课程内容有前沿性和时代性;教学形式体现先进性和互动性,不是满堂灌,不是我讲你听;学习结果具有探究性和个性化,不是简单告诉你什么是对的、什么是错的,而是培养学生去探究,能够把学生的个性特点发挥出来。挑战度是指课程一定要有一定难度,老师要认真备课、讲课,学生课上、课下要有较多的学习和思考时间做保障。被调研的几位老师能够实时关注国家的政策,每年坚持参加各类线上线下讲座不少于20课时,对于课程内容都会及时反思、适时调整。比如,就教学内容来讲,随着时代的变化,知识经济时代已经到来,教师需要随着时代的变化而不断更新知识,需要教师成为"生生不息的奔河",需要教师引导学生挖掘探寻,以寻到知识的甘泉。因此,每次课前教师需要充分准备,多方查阅资料,并进行归纳整理,课后需要给学生提供一些有价值的参考文献进行阅读。参加此次调研的老师表示,通过不断反思,他们的教学更自信,但感受到了教学的压力,希望可以不断更新教学内容、丰富教学内容,真正做到与时俱进、活学活用。
③ 对于教研与教学融合的反思。高校教师的责任不仅是站好三尺讲台,还需要将教学转化成有价值的研究成果。有的教师认为上好课就行了,迫不得已写几篇论文。但是,随着国家对高校教师的要求越来越高,更多的年轻教师意识到,真正优秀的教师除了传道授业解惑之外,还应该将经验总结成研究成果,能够承担一定的社会责任。被调研的几位教师发现,对教学的反思越多,思路就会越开阔,分享传播的智慧也就更多。在经过教学

反思后，几位老师纷纷表示写论文真的没有以前想象得那么困难，因为前期反思有教学理论基础，教学实践又提供了很多真实的素材，最后论文就是顺理成章的事情了。教师在此过程中积累的教学成果对后期的个人职业发展也起着积极的推进作用。以研促教、以教促研在反思性教学中变得坚实有力，不再是一句空话。

总而言之，我们倡导专家型教师，但不提倡教师站在专家的高度要求学生。教师要与学生一起学习、一起快乐、一起分享、一起成长。因此，在新时代，教师需要不断反思学习实践，真正完成自己向一个专家型教师的转变。

综上所述，我们不难看出，在课程内涵建设过程中，教师要保持空杯心态，常照镜子、常观自己，从课程思政、一流专业、一流课程等多方面加强课程的内涵建设，从而让自己也能实现专业化发展。

6.2.3 以职场需求为导向加强师资队伍建设

师资队伍是学校发展的重要推动力，是学生成长的护航者，因此加强教学团队建设，提高广大教师的专业水平和执教能力无疑是高校生存与发展的重要因素。教育部在2018年印发的《关于全面深化新时代教师队伍建设改革的意见》中再次强调，各级各类学校要积极搭建教师专业发展平台，在认真做好科研工作的同时开展有效的教学研究，推进教学的改革与创新，提高教师的专业能力，建立一支高素质、创新型教师队伍。2022年时任教育部高等教育司司长的吴岩在"锻造中国金师"的主旨报告中提出并深入阐述了"金师"的四大条件：政治素质强、教育站位高、国际视野宽、五术要求精。政治素质强，就是要学深悟透总书记有关教育的重要论述，深刻把握总书记对高等教育的要求、对高校发展的要求，以及对教师的期望和要求。教育站位高，就是要把握高等教育发展新阶段（普及化）、锚定高等教育发展新目标（高质量）、落实"立德树人"新要求（课程思政）、把握高等教育培养新范式（"四新"）、聚焦高等教育教学新基建（专业、课程、教材、技术方法）。国际视野宽，广大教师要深切关注和研究世界高等教育发展趋势，在国际视野中精准把握中国高等教育发展。五术要求精：道术要精，要有大胸怀、大格局、大境界；学术要精，要学科深厚、专业精湛；技术要精，要育人水平高超、方法技术娴熟；艺术要精，要有滋有味、有情有义；仁术要精，要坚守仁心仁术、以爱育爱。

/ 6. 应用型商务英语人才培养模式 /

应用型本科院校要培养面向生产、管理和服务第一线的技能型人才，因此"双师型"教师是当下应用型本科院校发展中必不可少的人才。"双师型"教师是指既掌握了扎实的理论知识又具备较强的实践教学能力的教师。培养和强化教师的"双师素质"，使之成为合格的"双师型"教师是应用型本科院校师资队伍建设的主要目标，也是提高教育教学质量的关键，能够为商务英语课程建设注入新血液，带来新活力。"双师型"教师具备扎实的职业理论知识和实战技能，善于运用自身的实践经验，采取情景教学法和案例教学法，能够将自己的知识经验与教学进行有机融合，激发学生的创造性，引导学生学以致用。"双师型"教师的新知识、新观念、高素质、高能力极大地丰富了英语课程的建设，他们培养的学生更适合企业的需求，这是商务英语人才培养的有力保障。

"双师型"教师建设的基本思路应坚持内部培训、外部研修、企业实训和个人终身学习相结合的原则，按照开放性和专业性的要求，以"双师型"师资队伍建设为主线，鼓励教师们积极参与合作企业的员工培训、项目实操、顶岗实习等社会服务活动，为提高教师的实践工作能力提供条件支持。同时，校方要完善教师激励和动态管理机制，建立以专业双带头人为首的"双师结构"教学团队，坚持党建引领业务发展，重视骨干教师的挖掘和培养，构建"党员先锋+课程教学+专业建设+社会服务"教师专业发展模式，不断提高教师的综合素质和实践教学能力。

培养"双师型"教师的具体策略如下：①启发教师的学习意识。由于应用型本科院校多为民办高校，办学历史较短，年轻教师居多，很多教师的聚焦点在于收入高低，而不太在意是否有培训。针对这一现实，学校要采取多种措施启发教师具备学习意识，可以通过树立典型，激发其他教师学习的兴趣。另外，从经济角度来看，政府主管高等教育的部门和主管经贸的部门应加大政策扶持和资金投入力度，为民办高校的建设提供支撑。尽量多组织教师参加校方组织的培训，少让教师个人掏钱培训，这在一定程度上可减轻年轻教师的经济压力，使他们更愿意学习。②调整和优化梯队结构，使团队成员的专兼结构、职称结构和知识结构更加合理。团队成员之间可以建立微讲座机制，彼此分享知识，彼此收获成长，甚至可以自学某个领域的知识，比如跨境电商运营、翻译，这样教师团队的学习氛围更浓，学习效果也更为显著。还可以聘请企业专家等对校内老师进行培训，如和某大型外贸公司合作，参训教师直接到该公司学习。先由行业专家与该公司一线业务经理共同举办讲座，然后分批观摩公司运作和实际业务操作，教师遇到不懂的问题可以现场进行咨询、解答，这将极大方便参训教师学习业务知识。当然，教师的教龄和对工作的态度也会让教师本身的教育教学能力产生差异，此时可以考虑建立不同层次的团队，比如初级"双师型"团队、中级"双师型"团队和高级"双师型"团队，这样也能更好促进新进教师的发展，保证不同教师团队的利益。③加强政、校、企合作，打通师资培训资源通道，充分调动区域的人才资源。比如，可以聘请来自企业一线的业务骨干和技术能手担任兼职教师，由具有丰富行业经验的兼职教师担任实践技能课程的授课任务，带动专职教师的个人成长。还可以加强校校之间的合作，与兄弟院校共享师资培训资源，共促教师发展。学校要立足自身的办学定位，精准靶向，有针对性地选取优秀的教师骨干去企业挂职锻炼，打造"科研骨干与教学能手双向转换"和"科研成果与课堂教学双向支撑"的局面，让教师在教学和社会实践中不断反思、不断成长，能够将教学中的问题在实践中应验，将实践中的问题带入课堂进行研讨，长此以往，教师才能与时俱进地成长，顺应企业对人才的需求。④建立科学合理的聘用机制，把能够给学生培养带来重大价值和效益的行家里手引入课堂，吸引他们为团队建设出谋划策，破解"双师结构"不达标的现实难题。⑤建立有效的激励机制。应用型本科院校的教师不应该仅仅是教书匠。比如，对于应用型极强的商务英语专业来说，教师的成长要先于学生的成长，教师要对前沿学科领域的知识有极强的学习欲望。再如跨境电商运营，这个仅仅靠课本的知识没法实现，教师需要进入企业进行挂职锻炼，这往往需要3—6个月的时间。学校应该给予外出培训教师一定的时间和空间，课程安排少一点，参加培训且效果显著的教师在年终考核上给予加分，多发年终奖。教育主管部门应制定更加适合本校的职称评审政策，将教师挂职锻炼、参加师资研修等纳入教师职称考评之中，将其折算成具体的教学科研分数，这样教师才有更多的动力参与顶岗培训和师资研修。对于不同层次的教学团队，要设置不同的奖励标准，让教师看见自己的付出是被认可且有一定回报的。⑥鼓励教师参加教学竞赛。以赛促教是提升教学质量的重要途径之一。鼓励教师参加全国高校教师创新大赛和外教社杯教学竞赛，这都是鼓励商务英语专业教师不断创新教学模式的绝好机会。

/ 6. 应用型商务英语人才培养模式 /

商务英语专业培养"双师型"教师是商务英语专业培养应用技术型人才的基础条件和必要保障。"双师型"教师需要参加各类社会服务和入职锻炼,具备较强的实操能力。商务英语专业的"双师型"教师既要有从事现代高等教育的理论知识和素养,又要有深厚的英语语言功底和广博的商务专业知识。他们能够结合自己的教学经验、企业行业工作经验和学生的实际情况,按照企业用人要求,灵活采取不同的教学方法,给学生起到良好的示范引导作用,在课堂引导学生创新思维,有效指导学生实践实训。因此,按照企业的用人要求提升师资队伍势在必行,这不仅有助于提升育人成效,还有利于教师的职业发展。

当然,在"双师型"建设过程中,除了校方努力提供平台资源之外,更多的是需要教师有职业危机意识,能够意识到单纯靠英语难以满足教学要求,因此要常反思、促提升。在反思性教学中,教师是主体。在教学实践中教师要践行自己学习到的教学理念和方法,在教学研究中提出的问题必须源于教学实践中产生的疑问。只有实践和研究相互结合、相互促进,反思性教学才能够在真正意义上促进教师的成长。反思性教学是一个长期的过程,不可能一蹴而就。在教学实践中,教师会遇到各种问题,所以必须不断总结和提炼,找到自己解决问题的方法或者借鉴他人的好方法加以实践。比如,笔者在教授"商务英语阅读"过程中发现有的学生不喜欢枯燥的读和写,于是反思现在学生的特点:活泼,富于创造性。讲到商人与顾客讨价还价的课文时,要求学生阅读和表演,学生在表演的时候能够更好地理解亚美尼亚讨价还价的文化,更能够深刻体会到文章的幽默之处,从而创造更好的课堂氛围。反思性教学需要教师具备很强的学习能力。在教学过程中,教师需要不断思考,不断为学生提供源源不断的新知识、新信息。比如,笔者在教授"商务核心英语"过程中发现有的学生不喜欢枯燥的讨论,经过学习和查找文献资料,发现"文学圈"的教学方法不错,可以激发学生思考和分工合作的能力。于是,在课程讨论中引入此方法,学生很快融入各自的任务中,而不是坐等最后的讨论结果。更令人欣慰的是,学生能够结合当下的现实展开讨论。在这样的课堂模式中,学生能更好地参与课堂,对教师也提出了更高的要求。教师必须有足够的知识储备才能应对全班学生的问题。

通过反思性教学实践,教师提升了自身的专业水平。反思性教学能够让教师更好地思考自己的专业水平如何通过教学来提升。英语教师在教学实践中要鼓励学生多开口说英语，如果英语教师自己不能做到全英文教学，学生又何以做到呢？在反思这个问题的时候，英语教师就会有一种使命要求自己提高专业能力，做到流利地用英语进行课堂教学，用学生能够听明白的英语来引导学生进行各种课堂活动。笔者近些年一直在反思并逐步实施全英语教学，发现当我们用心去思考如何做到让基础不太好的学生听懂所有课堂内容时，我们自己也收获了更多的方法和知识。反思性教学培养了外语教师解决问题的能力。在课堂教学中难免会遇到各种情况，如学生无法回答老师提出的问题、学生因为个人情绪不想参与课堂讨论、班级人数过多无法让每个学生发言等。笔者在教学中也遇到过诸如此类的问题，所以每次上课都会观察学生的各种行为表现，对于情绪低落的学生课间会给予及时的关心，有效帮助学生解决心中的困惑。这样下来，教师与学生的距离拉近了，课堂也更加轻松了。在不断的实践反思中，解决问题的方法会更多，与学生的沟通也会更加顺畅。反思性教学激发了外语教师学习的欲望。反思的过程是对自己课堂完整的思考，因此在具体教学中也会发现自身能力和水平需要提高。比如，一些课程由于课时有限，课程内容繁多，教师如何有效解决这个问题是值得思考的。当前高科技的发展已经带来了解决方法，微课的制作能恰到好处地解决这个问题。在实践中，教师可以摸索如何制作精美的微课，满足学生的学习需求，这同时对教师也是一种锻炼和提升。在反思性教学实践中，教师得不断利用先进的科学技术提升自己的教学技能。在实际教学中，大部分教师忙于自己的教学和科研，与其他教师交流较少，这样教师只能自我反思、自己解决问题，缺乏外在的指导。针对这些问题，教师可以组成教研小组，彼此互相交流，尽可能发挥每位教师的专长，切实解决教学中的问题。这样既提升了自己，也帮助了他人，同时还可以形成稳健的教师团队。

因此，在进行人才培养体系的构建中，教师必须具备主观能动性，看到市场对人才的需求，从而不断提升自我的学习欲望，并付诸实践。只有懂得不断反思的教师才可能保持学习的动力，这样"双师型"教师队伍的建设才有保障。

6.2.4 以育人成效为目标突出"能力本位"的教学模式

商务英语专业是文科专业中较新的一门学科，对此不同层次院校有着不同的定位，应用型本科院校应当突出其应用型的专业特色。作为培养复合型人才的专业，商务英语专业一定要不断优化人才培养体系，加强跨学科交叉融合，积极融入数字化建设，推动人才培养向着可持续和终身性发展转变。按照新文科建设提出的新要求，商务英语专业的人才培养模式要创新发展，顺应国家经济开放的战略和人类命运共同体意识，充分利用信息数字技术赋能外贸特色，培养高素质、跨学科的复合型创新人才，实现人文学科与其他学科的有效交叉融合。不难看出，商务英语专业的本质特点是要凸显育人成效，体现人才的应用能力。这恰好与"能力本位"的核心观点不谋而合。

能力本位教育（Competency Based Education，简称CBE）最早于20世纪六七十年代在美国出现，是以美国、加拿大为代表的一股世界范围的职业教育与培训思潮。20世纪90年代初加拿大普遍实施能力本位职教模式，学校直接面向社会培养行业所需工作人员，设置课程与职业岗位和能力需求紧密衔接，培养了大批实用型和适用性人才，后传至中国。有别于一流高校侧重学术的知识本位教育，应用型本科院校更注重受教育者的应用综合能力培养，其核心是以岗位需求为出发点，以社会企业行业履行岗位职责所需的能力为原则来确定具体毕业要求，并以相关能力培养为目标设置课程体系、组织教学，最终进行能力考核和教学评估。能力本位教育更强调学生在学习过程中的主导地位。能力本位教育中的"能力"涵盖四个方面：与职业相关的知识、态度、经验（活动的领域）、反馈（评价、评估的领域）。这四方面通过一个学习模块的形式呈现，最终均达标才构成一种"专项能力"。若干专项能力叠加融合又形成一项"综合能力"，最终构成某种"职业能力"。由此可见，能力本位教育最终落实到每门课程的具体培养目标之中。

能力本位有五大要素：① 以职业能力为教育的基础，并作为培养目标和教育评价的标准，以通过职业分析确定的综合能力作为学习的科目，以职业能力分析表所列专项能力的由易到难的顺序安排教学和学习计划；② 以能力为教学的基础，根据一定的能力观分析，确定能力标准，将能力标准转换为课程，通常采用模块化课程；③ 强调学生的自我学习和自我评价，以能力标准为参照，评价学生多项能力，即采用标准参照评价而非常模参照评价；④ 教学上灵活多样，管理上严格科学，通常采用适应个别化差异的个别化教学；⑤ 授予相应的职业资格证书或学分（蒋莉，2004）。

相比传统的教育模式，能力本位教育具有四方面的优势：① 教学目标明确，针对性强，具有可操作性；② 课程内容以职业分析为基础，把理论知识与实践技能相结合，打破理论课程的枯燥沉闷；③ 重视学生的个性化学习需求，坚持以生为本，注重学生学的过程；④ 评价机制客观公正，能够及时反馈学习者的问题。但是其最大的局限性在于对于素质教育的重视程度不够。

"以能力为本位"，是指教师在教学设计和实施过程中要考虑以下三种能力的关系：符合毕业要求的"应有的能力"、学生毕业时"具有的能力"和学生当下"现有的能力"。"应有的能力"是用人单位要求学生毕业时必须取得的最终成果，是应该获得的，它与我们的培养目标一致；"具有的能力"是学生毕业时取得的成果、具有的实际能力，与我们的培养目标不一定完全相符，有可能超出预期，更有可能不足；"现有的能力"是指现阶段学生能力所处的水平，它是一切教学活动的基础，是所有教学设计和实施的起点。因此，评价学生"现有的能力"是实施教学活动的前提。教师在教学过程中要着眼于"现有的能力"，所有的教学步骤和环节要围绕学生的诸多专业素养课程，能对学生的知识、情感、态度、信念、价值观等的形成起到潜移默化作用。

在应用型本科院校，我们要充分发挥能力本位的优势，构建商务英语专业的人才培养模式。首先，要精准定位人才培养目标。随着"一带一路"的持续推进和中国对外开放，各个商业领域对商务英语人才的需求不断增长。然而国际商务中业务种类、经营范围、国别区域差异很大，对复合型商务英语人才的知识水平、能力结构以及岗位定位要求也千差万别。因此，应用型本科院校的商务英语专业人才培养目标既非高级英语翻译、专业外事外交领域人才，也非精通国际金融、商务谈判的高端精干商务人才，而是以"能力本位"为指导、职业上岗能力为首位的一专多能型人才（既熟悉国际商务又精通英语），这正是应用型商务英语人才从业能力的培养目标。因此，对于应用型商务英语人才要树立"能力本位"的人才观，以职业竞争力和发展优势为核心，以服务经济为目标，着力于培养具有国际视野、英语语言基本功扎实、国际商务知识与实践水平较高、跨文化交际沟通能力较强的商务英语应用型人才。同时通过通识教育课和课程思政等方式，培养商务英语专业学生的社会责任感、道德情操与团队合作精神，让

6. 应用型商务英语人才培养模式

他们具有较高的个人素养。在商务实践技能方面，坚持以变应变，根据社会劳动力市场的变化，不断调整专业课程结构与教学内容，让学生掌握跨学科的知识，以提升自身的竞争力。其次，要加强具有特色的商务课程。就商务英语课程体系而言，提升学生的能力是一切教学的基础。根据能力要求，对课程进行模块化设置，通常为"专门的国际商务知识+熟练的英语语言技能+丰富的实践技能+必要的中西方文化"几方面的综合。其中专门的国际商务知识与语言技能的学习是互相促进、相辅相成的。在两者相互促进的过程中突出培养学生的创新创业能力，增强学生分析问题和解决问题的能力、提升学生的就业竞争力，把学生培养成为能力强、素质高的应用技术型、复合型专门人才，从而凸显该专业复合型人才培养的特色。

在课程教学方式上，要采取灵活多样的手段，运用数字化信息技术让课堂生动有趣，重在引导学生参与课堂。当然，在教学测评上，也需要采取多元化的评价方式，能够更加客观全面地评价学生的实际能力与综合素质。人才的培养离不开优秀的教师团队，因此要加强复合型师资队伍的建设。改变教师的观念，正确认识商务英语专业的内涵，保持终身学习的心态，多渠道学习专业知识，不断提升自身的教学设计能力和职业能力。加强自身与社会的链接，与相关行业企业进行深度交流学习，甚至是顶岗实践。除了内培，必要的时候还需要外引。广招贤士，聘请涉外企事业单位经验丰富的资深人员做客座教师，同时给学生和校内教师授课，建立一支"外语教师专业化"和"专业教师外语化"的"双语+复合"型专业师资队伍。另外，根据需要编写合适的校本教材。根据校本教学的实际情况，结合教学实践的反馈情况，选择优质新版教材。如有能力和精力，也可以寻求与知名出版社合作，加入名师团队，共同参与编写适合应用型本科院校商务英语专业的教材。就实践教学而言，可以通过校企合作的方式进行线下实习，或者通过建立虚拟仿真实验室等方式进行相关技能的训练，为学生的实践提供更多机会。

总而言之，对于应用型本科院校毕业生来说，职业能力是就业竞争力的根本。培养学生的职业能力是应用型技术人才培养的主要任务，应用型本科院校要创出自己的办学特色，提高人才培养的质量，提高学生的就业率，必须以职业能力为本位。商务英语专业培养的人才主要是实用型人才，他们必须有较强的英语应用能力和商务能力。应用型商务英语本科的学生毕业时90%以上进入职场，他们更注重的是自己的就业竞争力，社会更需要的是他们的综合能力。因此，"能力本位"的育人模式非常契合应用型商务英语专业的学生，只是在此基础上还需要加强学生的个人素质的培养。

6.2.5 以实践应用的价值取向开展课程建设

课程是实现人才培养目标的核心，主要包括知识、能力和素质三个层面的内容。应用技术型院校要面向行业企业构建开放的专业教育体系，必须打破以"自我为中心"的封闭式的课程设置的传统模式，按照OBE教育教学理念反向设计的原则（"反向设计、正向实施"），明确应用型商务英语专业学生应获得的相应的实践技能，重构课程体系、选择教学内容，突出学生实践能力培养的核心地位，科学合理地确定各类课程模块的结构及分配比例，从而明确学生毕业时应达成的学习成果，以社会需求为依据设计毕业要求，以毕业要求为依据反向设计课程体系和教学环节，突出学生的应用能力培养，并以此来评价人才培养质量。同时以毕业要求达成情况衡量教学工作和教师绩效。在课程体系的设置上，聚焦培养学生的外语、外贸综合实践能力，重点培养学生进出口业务操作、涉外商务沟通与磋商、涉外商务营销计划制订、外贸文书撰写、"互联网+"贸易平台运营、国际展会交流等技能。充分调研生源的实际能力情况和学生的意愿、企业的需求，让学生能够在各种不同的课程中游刃有余，创造性地解决问题，能够用英语进行相关的涉外商务活动。根据学习成果反向设计商务英语专业课程体系，制订课程标准。将教学内容与企业岗位需求、实践教学过程与生产过程有机融合，遵循"反向设计、正向实施"的设计原则，聚焦地区国际商务产业发展前沿，对接龙头行业企业用人标准，根据企业用人标准设计专业人才培养目标，根据培养目标设计毕业要求，再根据毕业要求设计课程体系。理论教学课程体系的构建不是照搬《国标》中"大而全"的学科知识体系，也不是照搬研究型高校的"高精尖"的学术性理论知识，秉持"实用、够用、好用"的理念，坚持体现学生专业知识的应用性、复合性和现时性。其中，专业基础课程遵循行业需求，按照专业大类课程进行设置，也就是按照外国语言学的专业指南中的相关规定进行设置，呈现大学科的特点，为学生将来在岗位上的可持续发展奠定坚实的理论基础。专业核心课程体现为行业企业所对应专业的核心理论和技能，课程的选择对

/ 6. 应用型商务英语人才培养模式 /

标岗位能力标准，确保岗位能力结构与课程结构清晰对应，课程内容按照岗位需求进行整合，突出区域经济发展对应用技术型人才的现实需要。专业选修课程对标行业企业延伸发展的特殊需要，同时充分考虑本校学生的知识水平和学习兴趣，为学有余力的学生自主实现个性化发展打通学习路径。实践教学课程体系的构建应打破专业化教育培养单一专业能力的传统框架，围绕市场需求，以培养学生综合应用性和创新应用性的实践能力为目标，进行实践课程的整合和重组，加强实践课程与理论课程之间的无缝衔接。对于商务英语专业相关技能需要开设实验课程的，必须考虑其综合性，按照由简到繁递进式编排成合理的实验项目体系，以实际或仿真项目任务为驱动，将相关的实验课程拓展为专业实践技能的领域。实习实训类课程以职业要求为指导，把实践内容按照基础技能、核心技能、延伸技能等能力递进的要求设置为阶梯式的模块化课程，根据人才培养规格给予每个模块不同的比例。实习实训的形式以集中为主，尽量保证实习与就业相结合，使学生学以致用、学用结合。应用技术型人才培养方案要真正体现市场需求，必须解决方案设计从开始就与市场脱节的问题，注重吸纳相关专业领域的行业企业专家全程参与课程体系的设计、优化与创新。

针对专业就业面向岗位群的典型工作内容，及时将新技术、新规范纳入课程标准和教学内容，确保课程教学标准精准对接岗位职业标准，在实施过程中校企双方配合完成课程的建设与落实，突出学生的应用能力，使得学生取得的学习成果与行业企业需求相匹配。比如，外贸客户开发就是外贸业务员必备的一项能力，也是一项重要的工作任务，要求的知识、能力、素质分别为：外贸业务磋商（能力）、吃苦耐劳和开拓精神（素质）。准确分析学生未来的就业工作岗位，明确培养目标和培养方向是应用型商务英语本科专业课程体系开发设计的前提。行业企业一线专家对于学生未来的就业工作岗位有着最清楚的认识，能够在专业课程设计上给予有效的指导。因此，无论是课程教学目标的确定，还是教学内容的选取，脱离了行业企业和行业企业专家的指导与合作都有可能偏离实际工作中对学生实践能力的要求，那么专业课程体系设计只能是纸上谈兵。

在开发设计应用型本科商务英语专业课程体系时，学校可以邀请行业企业人员合作，共同确定本专业的目标工作岗位，共同分解目标工作岗位对就业者的能力需求，从而科学地确定专业人才培养目标、培养方向和教育内容。为了充分体现课程培养目标的实践性，可以采取以职业证书为检验手段的方式进行课程设计。职业资格证书是指政府认定的考核鉴定机构对符合国家规定的职业技能标准或任职资格条件者授予的证明文书。职业资格证书不仅是持证者职业能力的证明，也是用人单位招聘、录用劳动者的依据之一。对于应用型本科院校的学生而言，获取与专业相关的职业资格证书也是促进学生认真学习的一种重要手段，因此在商务英语专业课程体系设计时，必须考虑本专业学生需要考取的各种职业资格证书，并将这些证书所需要的理论和技能的培养纳入本专业的课程体系之中，从而使专业课程教学与职业资格证书培训紧密衔接，满足学生获取职业能力和考取职业资格证书的需求。就应用型本科院校的商务英语专业而言，推荐以下职业资格证书（表6）。

表6 推荐的职业资格证书

项目名称	学分	考证学期	开设的相关课程
全国大学英语四、六级考试	2	每年6月、12月	商务综合英语、英语语法、商务英语阅读、商务英语翻译
全国计算机等级考试	2	每年3月、6月、9月、12月	计算思维与程序设计基础B
普通话水平测试	1	一年2次	大学语文
驾驶证考试	1	长期	第二课堂
教师资格证书	1.5	第6—8学期	英语听力、英语语法、英语语音、商务英语阅读
全国高等学校英语专业四级	2	第4、6学期	英语专业四级辅导、商务综合英语、英语语法、商务英语阅读
全国高等学校英语专业八级	2	第8学期	高级商务英语、商务综合英语、英语语法、商务英语阅读、商务英语翻译
阿里巴巴跨境电商B2B 1+X证书	1.5	第6学期或第7学期	跨境电子商务、跨境电商办公软件实操、跨境电商视觉美工
抖音自媒体运营1+X证书	1.5	第6学期或第7学期	跨境直播实务
外贸单证员	1.5	第7学期或第8学期	跨境电子商务、国际贸易与实务、商务模拟实验
外贸业务员	1.5	第7学期或第8学期	跨境电子商务、国际贸易与实务

(续表)

项目名称	学分	考证学期	开设的相关课程
商务英语翻译资格证书	2	第6—8学期	商务综合英语、高级商务英语、商务英语翻译
CATTI口笔译证书	2	第6—8学期	商务综合英语、高级商务英语、商务英语翻译

为了加强学生理论知识的实践应用，还可以结合所开设的课程体系，鼓励学生参加以下学科竞赛（表7），从而不断提升学生的应用实践能力。

表7　支持的学科竞赛

竞赛名称	授奖单位	类别
中国国际互联网+大学生创新创业大赛	教育部	56项赛事
"挑战杯"全国大学生课外学术科技竞赛	共青团中央、中国科协、教育部	56项赛事
湖北省创新创业训练项目	湖北省教育厅	非56项赛事
"亿学杯"商务英语实践技能大赛	福建亿学教育科技集团有限公司	非56项赛事
全国商务英语知识竞赛	中国对外贸易经济合作企业协会	非56项赛事
"外研社·国才杯"全国大学生英语演讲比赛	外语教学与研究出版社	56项赛事
"外研社·国才杯"全国大学生英语BP辩论赛	外语教学与研究出版社	56项赛事
"外研社·国才杯"全国大学生英语写作比赛	外语教学与研究出版社	56项赛事
"外研社·国才杯"全国大学生英语阅读比赛	外语教学与研究出版社	56项赛事
全国大学生英语竞赛	高等学校大学外语教学研究会	非56项赛事
湖北省翻译大赛	湖北省翻译工作者协会	非56项赛事
外教社杯词达人比赛	上海外语教育出版社	非56项赛事
外研社短视频大赛	外语教学与研究出版社	非56项赛事

设计突出能力培养的课程体系是前提，最终能否达到预期目标，则取决于课程教学设计策略，尤其是实践性教学环节。因此，在实践教学体系

的设计上，需要构建进阶式的教学策略，如"专业通用技能实训→岗位综合技能实训→项目实战演练"，这既凸显了"以学生为中心"的教学理念，也契合了"认识→能力→创造"的人才培养规律。为了让学生能够真正进入具体岗位锻炼，在专业实践教学环节可以与相应的企业进行深度合作，共同制订课程实施方案，让学生能够有机会进入具体的岗位进行锻炼。依托企业资源实践教学构建商务英语专业多层次、开放式、交互联动的校企协同实践教学平台，根据校企协同多方位、立体式实践教学方法，建立起由学校到企业、由仿真到项目、由实训到实战的全方位真实立体化线上线下混合式实践能力培养模式，有效解决商务英语专业扩招生源学习时间分散的困境，全面强化扩招生源的外语、外贸综合实践能力。

课程体系是人才培养的宏观导向，课程建设需要落到实处才能体现出对学生应用能力的培养。因此，在商务英语专业人才培养过程中，教师需要深耕某门课程，采取适用于本校学生的教学方式开展教学。

接下来，笔者以自身从事多年的"商务英语阅读"课程教学为例，探讨思维导图对提升学生阅读理解能力和培养学生思辨能力的作用。商务英语阅读教学与传统阅读教学的不同之处在于，除了语言知识的学习之外，还需要透过语言学习商务概念、商务思维等。首先，我们需要了解商务英语文本的特点：① 商务英语词汇丰富。商务英语是一种商务领域的应用语言，专业名词和专业术语多。例如，margin 常指"边缘，空白处"，商务文本里面有"利润"的意思；distribution 一般意为"分配，分发"，但在特定的商务场合则是"分销，销售"的意思；literature 常指"文学"，但是在 company literature 中则是指"公司宣传资料"；promotion 通常意为"晋升，促进"的意思，商务中多指"促销"；security 一般表示"安全"，但在商务英语中可以表示"证券"的意思；policy 日常大家理解为"政策"，但是在 insurance policy 里面则是指"保单"。另外，商务交往往往需要高效省时，缩略语也很常见，如 IOU（借款凭据）、B2B（企业对企业的销售）、B2C（企业对个人的电子商务）等。② 商务英语的句法结构复杂。虽然商务英语与英语文学作品里的英语相比语言简明、辞藻较少，但是其句子偏长、结构比较松散，尤其是各种从句、非谓语动词的使用较为频繁，导致英语基础薄弱的学生在阅读过程中出现难以理解的情况，如 In response it has been pointed out that such influence is counteracted, at least in the case of financially strong media firms, by the advertiser's reliance on the media to convey a message; any compromise of the integrity of a media firm might result in a smaller audience for the advertising。③ 商务英语的篇章结构连贯、合理。由于商务场合十分注重时效性，所以商务英语文本具有结构清晰、内容丰富、观点新颖的特点。商务英语文本素材涵盖内容广泛，各具特征。比如，商务评论文章一般是先以数据形式简单叙述被评论事件的背景、具有代表性的各方观点及原因，比较后提出自己的观点，最后阐述评论观点和事件的意义；说明性文章首先会对某个商务概念进行解释，然后对其进行具体化的场景描述，让读者更清晰地理解概念。从篇章的连贯性来看，商务英语文本会采用不同的连接词使得文章具有良好的连贯性，整体语篇结构逻辑合理。逻辑合理，主要指的是句子结构合理、段落安排合理、语篇思维合理。意义连贯，主要指的是通过衔接词，使得句与句之间语义连贯、段与段之间内容连贯、上下文之间思路连贯。段落中句子按一定的逻辑方式展开，如例证法、定义法、分类法、因果关系法、比较对照法、过程分析法等。商务英语文章通常采取小标题开启某个段落，段落主题句较为突出，文字表达简洁严谨。因此，在阅读商务文章时，要学会根据标题预测文本内容，还要学会抓住主题句概括段落的内容，从而迅速捕捉到文本的信息。④ 商务英语阅读素材蕴含丰富的商务知识。商务英语专业使用的阅读教材大多数选自商务书刊、国内外主流媒体等，内容涉及大量的商务理论和实践知识，且以评论性文章居多，难度较大。通常情况下，商务英语文本的信息都会围绕某一个主题展开，读者如果没有储备相关主题的背景知识，理解文章就会比较困难。同时，文中可能还会出现相关的知名企业、企业家之类的专有名词，学生不一定都知道相关企业和企业家的背景知识。因此，在阅读过程中，学生需要借助相关的辅助信息，了解更多的商务背景知识，确保对文本的准确理解。

在实际商务英语阅读教学中，学生往往因商务背景知识匮乏、专业词汇不足、阅读技巧缺乏等问题，无法准确理解所给文本的意思。因此，在商务英语阅读教学中，教师可以引导学生利用思维导图，借助已有的背景知识、图表解释等信息对语篇进行自上而下的预测，再根据文本的内容进行自下而上的分析归纳，把握文章总体结构和逻辑思路，促进局部内容和专业词汇的理解，从而提高阅读效率。

思维导图是一种基于图式理论的学习方法，也是一种有效的思维模式和一种将思维过程视觉化的方法，最初由托尼·布赞于20世纪70年代提出。思维导图具有通过图形、颜色和符号提高理解能力、协助记忆、发展空间智能、促进创造思维等多种特点，被广泛应用于学习、会议笔记、演讲展示、企业讨论决策等方面。在西方国家，思维导图在整个教育体系中被广泛应用，受到广大师生的喜爱。在我国，思维导图的研究与应用相对起步较晚，目前主要是对思维导图在教学中的应用研究较多。思维导图作为一种思维工具与认知工具，易于构建学生理解文本信息的框架，能够有效提升学生的阅读理解能力。

商务英语阅读因其内容与时俱进，且结构层次分明，上课采用思维导图让学生构建文本逻辑易于操作，而且还能提高学生上课时的参与度，提升课堂的趣味性。学生利用思维导图可以厘清商务英语语篇的关系，先确定主题，然后用不同的分支拓展与主题相关的信息，这些分支通过W线条彼此链接，并在线条上用关键词来呈现信息之间的关系。在此过程中学生可以借助可视化手段比如图形、关键字和色彩来促进灵感的产生，这些思维导图的基本要素有利于学生理清知识的脉络。对于具有一定专业难度的商务英语阅读文本，如果学生能够借助图式工具，其已有知识和知识结构就能更好地服务于对阅读材料的理解。当阅读材料中的线索激活了学生头脑中的图式之后，图式能帮助学生把阅读材料中的信息具体化。在应用图式的过程中，教师和学生借助图式将语言学习和阅读语篇浓缩成框架，通过这种框架和图式来凸显阅读语篇的重点和主题。

对于专业性较强的商务阅读材料，教师引导学生搭建"脚手架"尤为重要。因此，课堂中教师需要采取一定的教学策略引导学生绘制思维导图。最后，重点看一下思维导图在商务英语语篇阅读教学中的具体应用策略。课堂中，教师可以采取以下教学策略：①课前，布置与单元相关的背景知识问答题，要求学生进行资料搜集并绘制思维导图。②在课堂中，要求学生阅读文本，以小组讨论的形式，最后绘制思维导图，对文本信息内容进行呈现，帮助学生理解文本的主要内容以及理清文本的逻辑结构。③在学生绘制主要框架后，教师设置细节问题，让学生将细节信息填充到思维导图中。以下是笔者所教授《新编商务英语阅读教程》第1册时引导学生进行思维导图设计的教学案例：

（1）《新编商务英语阅读教程》第 1 册中第 2 单元的内容为 marketing，课前教师提出问题"Is marketing equal to selling?"，学生通过课外资料的收集，上课时能够明确给出答案："Marketing is not equal to selling and selling is just a part of marketing."，甚至有学生还找到了关于传统市场营销的 4p 原则。

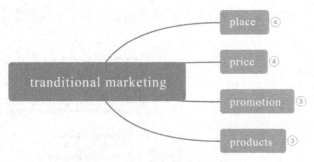

图 2　传统市场营销的 4p 原则

在商务英语阅读的课堂上，如果教师只是讲解、翻译课文，学生很多时候是没有兴趣继续听下去的。教师可以让学生利用手机 App "mindmaster"，或者自己手工绘制思维导图，呈现文本的内容。比如，在讲到有关货币单元第 2 课"Are We Headed for the Cashless Society?"时，笔者让学生通过思维导图呈现文本的内容，其中一幅思维导图如图 3 所示。

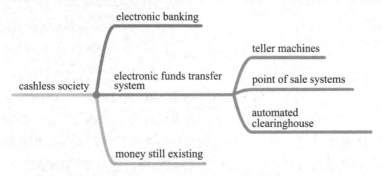

图 3　cashless society 思维导图

通过上面的思维导图，可以清晰地看出文章讲到了 electronic banking 和 electronic funds transfer system 的构成，最后作者的观点是"Money still exists."。学生通过绘制思维导图，可以更加清晰地了解文章的内容，并且也易于理解作者的观点，从而形成批判性思维的能力。课后，学生们在群内纷纷分享自己的思维导图，他们通过这样的体验活动对文本内容的理解比起教师单纯讲解效果好很多。

（2）通过设置细节问题，引导学生理解与课文相关的商务知识。商务英语阅读材料通常层次清晰，因此学生绘制文本框架结构并不难，但是对于其中的细节和商务知识则容易忽视，尤其是有的篇章里面涉及较多的商务知识，如何让学生理解并记住这些商务知识并不容易。教师需要进行细节问题的设计，让学生对相关内容进行扩展。比如，在讲到"A Surge in Online Ads"一课时，学生首先根据文章内容绘制了文本信息的思维导图（图4）。

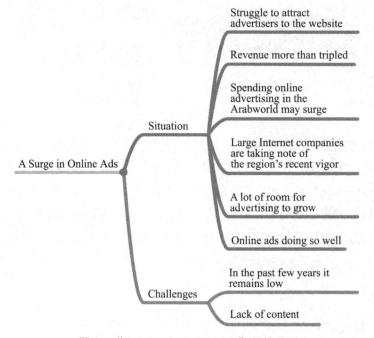

图4　"A Surge in Online Ads"思维导图

由此可以看出，学生对于文本的内容已经有了大概的了解。但是文章在讲到当前的现状时引用了大量案例去分析在线广告的前景，因此学生需要对后面的细节进行补充，于是有学生绘制出图5所示的思维导图。

/ 6. 应用型商务英语人才培养模式 /

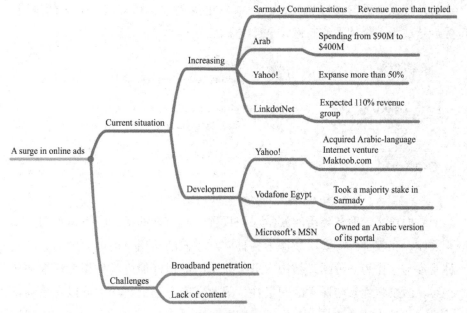

图5　在线广告的前景思维导图

通过这种一步步引导的方式，学生能够更深入理解文本信息，也更加明晰在阅读的过程中需要把握哪些关键点。

（3）构建单元主题的思维导图。比如，在"商务英语阅读"课程中，不能只是讲解阅读技巧，还需要向学生传递相关的商务知识。《新编商务英语阅读教程》每个单元有两篇课文，围绕同一主题展开，因此如何引导学生建立两篇课文的联系对于理解主题十分重要。以《新编商务英语阅读教程》第1册第3单元为例，该单元主要讲的是 buying motives（购买动机）。Text A 主要围绕消费者的购买动机展开，包括 primary and selective buying motives（首要购买动机和选择性购买动机）、rational and emotional buying motives（理性购买动机和感性购买动机）、product and patronage buying motives（产品购买动机和惠顾性购买动机），从这篇课文中学生可以了解消费者购买行为背后的原因。Text B 主要谈论 how and where people buy（如何购买、在哪里购买）。其中，"如何购买"就包括了冲动型购买，重视时间和寻求便利的原因决定了消费者的购买行为；"在哪里购买"部分主要围绕回顾性购买动机展开，该部分最后指出消费者决定在哪里购买对最终的购买行为会产生影响。因此，市场营销人员只有全面了解消费者购买行为背后的逻辑，才能采取有效的市场营销策略，确保产品的畅销。此单元中，通过两篇课文的学习和链接，学生能够更深刻理解顾客购买商品的逻辑，为后续成为一个优秀的销售人员奠定基础。

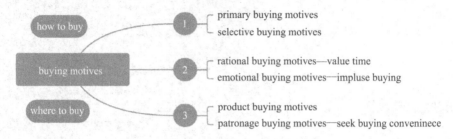

图6　有关 buying motives 的思维导图

总而言之，商务英语的教学应该设置丰富有趣的活动，不是单向的知识灌输，在教学中需要不断探索各种教学手段的运用，促进学生的思考与课堂参与。作为一种图式结构，思维导图能够很好促进学生深度理解文章内容，激发学生参与课堂的积极性，因此在商务英语教学中可以有效利用该方法。学生通过亲身参与思维导图的绘制，个人理解文本的能力得到提升，学习效果显著。从长远来看，擅长绘制思维导图的人，其思路更加敏捷清晰，做事更有条理，归纳分析能力更强，这对于今后的工作来讲也是一个优势。

突出应用能力的课程建设首先要建立完整可行的课程体系，在具体的课程中采取多元化的教学手段，充分调动学生的多感官能动性，让学生能够学以致用。正如上文提到的"商务英语阅读"课程，学生要加强对文本的深度理解，并采取恰当的输出方式提升自己的思考能力。思维导图正好是一种可以有效帮助读者厘清文本内容、分清文本中逻辑关系的一种重要手段，这样反复练习有助于让学生不仅可以学好一门课程，还可以获得一种思考方式，将来在职场中做事也会更加条理清晰。各门课程都有具体的教学要求和特点，教师需要根据课程特点和学生特点设计相应的教学环节，让学生能够在实践应用中不断提升自己的综合能力。

6.2.6　以校企合作为平台创新人才培养模式

校企合作的主要目标是培养创新型人才。通常来讲，商务英语专业人才培养目标包括知识、能力、素质三个方面。知识包括学科基础知识和专业知识；能力主要是知识和方法的结合体，包括记忆能力、观察能力、思

6. 应用型商务英语人才培养模式

维能力、学习能力、决策能力、操作能力、组织能力、管理能力、创造能力，以及建立在上述这些能力基础上的创新和创业能力；素质是知识、方法、精神、身体的结合体。

要实现创新人才的培养，必须树立"实践导向"的人才培养理念。首先，利用校企合作，推行"实践导向"的课堂教学。在进行实践技能课堂教学的过程中，以真实创业环境和实务作为教学内容，引导学生参与实践，帮助学生从活动实战中领悟创新理念、激发创业热情、培养创新创业能力。课堂教学要重点解决"教什么"和"如何教"两个问题。学校通过与企业深入合作，从企业获取一些可供学生尝试去做的微项目，让学生在"实践导向"的课堂教学模式中学会理论和方法。对教学内容的选择，秉持"发现问题、解决问题作为教学核心"的理念，提供类似于职场工作所需的学习资料。在教学方法上，重点采取探究式教学方法，适当地采取案例式教学方法。在教学过程中，重点突出以学生为中心的教育理念，强调学生的主体地位，引导学生自觉性决策和创新创业的行为。在教学效果上，通过任务导向、问题驱动的方式，将理论知识与实践知识有机融合与转化，在解决问题和完成任务的过程中不断提升自己的能力。其次，校企协同共建"实践导向"的四维体验平台。目前，高校创新创业实践平台主要包括创新竞赛类实践基地、就业实习类实践基地、创业孵化类实践基地和创业实战类实践基地。学校和企业可以联合开创一系列有特色的第二、第三课堂活动，引导学生学习、运用、转化知识和自主创造，培养他们的创新意识和能力。以第二课堂为依托，通过综合性实践项目，进行创新思维拓展和创业项目孵化，让学生在项目策划、执行、总结中增长实践知识和才干，成为真正创新创业项目的践行者。学校还可以定期邀请专家学者、知名企业家和事业成功的校友，参与创新创业论坛报告会、交流会，通过职业生涯人物访谈，解答学生困惑和迷茫，激发学生创新创业梦想。大学生创业园为学生创业实践、创业孵化、创业培训、创业服务赋能提供资源和场地，通过转化高校产学研成果，开发大学生创新思维，是大学生进行创业教育实践的重要基地。比如，商务英语专业的学生可以利用校企合作的平台，创建微型跨境电商公司，利用企业的仓储服务、跨境法务、税收等一系列帮扶政策，真实落地创业活动。学生通过做中学、学中做，不断践行创新创业思维，提升自己的格局。

推动校企合作，培养创新人才，必须建立有效的校企协同创新机制，可以从以下几方面努力：① 完善组织体系。a. 校企之间建立一个稳定而长期的合作体系，共同促进彼此的深度合作和可持续发展，凡事秉持长期主义，用发展的眼光看待眼前的合作。b. 学校必须建立一个专门与企业沟通的部门，配备能力较强的人员来推动校企合作项目的开展，尤其是善于开拓企业市场的人员。c. 积极引进具有丰富企业工作经验的人员，如外贸人员、翻译人员、新媒体运营人员等为客座教授，同时鼓励在校教师成为"双师型"教师，以改善师资结构，这对于校企合作有推动作用。② 寻求共赢基础。校企双方在协同创新合作中充分沟通交流，对各自获取的利益有清晰的认知，从而产生强烈的合作欲望。a. 教学资源共享。一方面学校可以无偿给校外企业提供培训的教室或者实训室，供企业人员和本校学生使用；另一方面，企业可以给学校提供相关的软件或者实操平台。b. 教科研课题申报优势互补。申报课题时，可以邀请企业优秀人员一起参与，共同完成，比如省级教师团队就明确要求有企业人员参与，还有的教改项目也需要企业人员给予支持，这样可以帮助学校成功申报课题。当然，有的企业需要教师的教科研能力赋能，帮助企业申请到项目，来解决企业的实际问题。c. 企业人员兼职。可以聘请企业中具有丰富实践经验和一定教学能力的行业专家到高校兼职任教，借此机会让他们参与到课程体系构建、课程开发、课程教学、实训指导、顶岗实习指导等专业建设各环节中，更好地培养学生实践能力。d. 对学生进行分层、分方向指导。根据学生的特长和今后的就业意向，学校和企业可以共同制订学生的学习方案，以便学生在校期间学会相应的技能，也节省了企业培养人才的成本。③ 拓宽渠道支撑。学校和政府为教师与企业接触提供各种资源和途径。可采取的措施如下：a. 政府牵线。因政府掌握较多的优势资源，在校企合作中占据主导地位。比如，通过与当地的人社局深度合作，请人社局牵线搭桥引入企业资源，并且指定专门的人员固定与某几家企业深度联系，为教师的培训学习、挂职锻炼提供资源。同时，双方通过深度交流找到彼此的需求，找到可以合作的点。b. 学校与区县签署合作协议。比如学校结合学科特色，与市区周边的县城区域等地建立合作。学校从产业链的角度做好自身定位，凭自身特长积极融入区县一级的经济发展中去，为乡村振兴做好服务工作。比如省级的地理标志性产品的出海，商务英语专业的学生可以在此过程中

6. 应用型商务英语人才培养模式

发挥作用。可以说，区域的企业发展为培养创新型人才提供练兵场。c. 实施大地计划，向广大教师发放问卷，调查其到企业、事业单位或政府机关挂职的意愿，每年推荐优秀教师到企业挂职锻炼。d. 创业支持。政府可以设立某些计划，如青蓝计划，为教师创业无偿提供启动资金。同时，也可以为学生提供创业支持，通过各类创业大赛的举办吸引社会风投。④ 制订激励机制。a. 在教学考核中体现对在校企协同创新工作中做出突出贡献的教师的奖励，激发广大教师参与校企协同育人的热情。对于成功推荐学生到企业实习的教师给予一定的奖励。b. 鼓励教师承接企业的横向课题，且由教师根据自身课题需要进行课题经费的使用。目前横向课题的等级还是比纵向课题低，这是由国家的整个科研评价体系决定的，而在英美国家高校对横向课题与纵向课题一视同仁，并不进行区分。对于应用型本科院校来说，重在实践，在对课题的认定上可以在政策允许范围内灵活设定。

我国应用型本科院校的校企合作已经经历了多年的实践探索，商务英语专业所在院校的校企合作也一直在同步进行。比如，笔者所在的武汉工程大学邮电与信息工程学院一直在开展校企合作，培养了一定数量的人才，帮助学生顺利进入职场。很多校友现在活跃在各个领域，很多已经是企业的骨干，展现出校企合作人才培养的有效价值。但目前校企合作依然存在着合作意愿不高、合作深度不够、合作机制不顺、合作绩效不良等多种问题。基于此，应用技术型院校以校企合作为平台创新人才培养模式应重点把握三个问题。

第一，要坚持问题导向。对于校方而言，要意识到当前学生实际学习中会遇到一些什么问题，可以联合企业共同设置丰富的问题库，并恰当地渗透到各门课程中。众所周知，只有在不断解决问题的过程中，学生的能力才能得到提升。问题环境的丰富程度决定了学生能力提升的速度与高度。学生接触问题的工作场景主要有以下几种：① 学生在同一企业内轮岗锻炼，以培养学生综合解决问题的能力。② 学生进入行业内多个企业实践锻炼。行业内不同企业对同一问题设置了不同的解决方案，学生进入不同企业，能够有效提高对专业问题的把握。③ 学生进入行业的领军企业学习锻炼。领军企业大多能代表行业的最高水平与发展方向，学生进入其中能接触到一定社会条件下对特定问题最有效、最系统的解决措施。第二，要提高参与程度。校企合作的一个痼疾就是难以深入、流于形式。可根据岗位能力要求，循序渐进、由浅到深，由单岗位到多岗位逐步参与到工作中；还可以安排教师指导，师生通过项目式合作协同发展。第三要注重知识学习。高校与企业有不同的需求，这是校企合作难以深入的一个重要原因。从高校来看，知识多是按照学科的逻辑体系组织设计，是在特定的学科专业背景下构建出系统完整的知识体系，并以此为基础设计课程。但在企业，知识则是按照特定的生产或管理问题组织设计，强调各种知识的筛选、组织或整合以求实际地解决问题，并以此为基础设计工作流程和标准。因而在岗位实践中，学生学到的知识往往呈点状结构，不利于学生专业知识和能力基础的构建。对此，校企合作中必须注重知识学习，加强高校与企业不同知识体系之间的交叉与融合，使学生得到"由点到面到体"的综合提高。

  在校企合作的平台建设中，要加快书证融合的商务英语专业课程体系的建设。产教融合是教育与产业的深度合作，是学校为提高人才培养质量而与行业、企业开展的卓有成效的合作，能够为创新型人才培养提供新思路。要做到书证融合，首先是要多措并举培养"双师型"教师队伍。一是对教师的招聘要打破原来只选拔应届毕业生的局面，适当引入有企业工作背景的青年人才；二是教师要充分利用个人资源和学校资源积极参加各级各类培训，获得相应的证书和技能，从而在自己所教授的课程中融入相应的考证内容。除了教师队伍的建设，校方要充分利用校企合作平台，为学生的实习、实训以及就业提供平台资源，让学生能够真正了解企业的需求，能够在具体的工作环境中灵活运用所学的知识，不断发现行业、企业存在的痛点问题，利用所学的知识进行解决。学生通过践行、思考，能够将自身的知识转化为实际生产力。除了具体的实践，还需要充分发挥校企合作资源在校内理论课程教学中的应用。比如"跨境电商实务"课程，教师首先需要明晰各工作岗位实际工作任务，借助企业的真实电商平台或者教学软件平台，设置工作情境，如海外市场调研操作、跨境店铺注册操作、跨境选品操作、刊登和发布操作、跨境产品定价、跨境店铺优化和推广操作、客户维护操作及售后服务等，让学生能够在实际操作中加强对理论知识的理解。这种以工作任务为导向的教学模式能够促进学生将知识转化成经验和技能。

  创新型人才的培养还需要通过一定的激励措施来实现。比如建立"积分制"，对学生的第一课堂、第二课堂、第三课堂等按照一定的规则积分，有的学科竞赛获奖积分可以与某些课程的学分进行置换，将"1＋X＋N"的理念贯彻落实。其中实现与 X 有关成果的转换和认定需要通过校方的制度来推进，这也为商务英语人才的持续成长拓宽通道。在课程设置上从复合型技能人才培养的需求出发，允许学生在课程群范围内选择感兴趣的课程学习，修得学分。学校也要多关注职业技能等级证书的发布情况，把握商务英语专业适合的证书，结合合作企业的优势，及时与企业沟通，为学生的证书考试搭建平台。职业技能证书的考试一方面是培养学生的学习能力，另一方面则是满足企业需求和个体就业需求，有利于用人单位减少人才培养成本，也有利于从业者个体的成长。因此，坚持以产教融合为理念、校企合作为途径，将校企合作资源有机融入课程建设之中，不断深化教学方式方法改革，建立校内外联合评价机制，根据行业、企业的用人标准，持续完善商务英语专业的人才培养方案，突出创新人才培养的目标。

6.3 "生态化育人"模式

随着现代科学的迅速发展，学科分类越来越细，学科融合越来越多，"生态学"和"生态系统"概念被广泛应用于教育领域，逐渐交叉融合形成了教育科学的分支学科"教育生态学"。20 世纪 30 年代起，由于当时教育理论出现一些困境，恰好生态学相关理论对教育理论起到了借鉴作用，于是沃勒等人开始将教育与生态联系起来，试图用生态学理论阐释教育领域的现象，首次提出"课堂生态"（ecology of classroom）的概念，高等教育生态学、教育生态学、学校生态学等分支学科随之产生。英国学者埃格尔斯顿的《学校生态学》的出版标志着教育生态理论的正式形成（范国睿、王加强，2007）。教育与生态的结合是教育改革的一项重要支撑，教育生态也进入了日趋平稳的状态。教育生态学基本原理则主要包括限制因子原理、生态发展原理、生态链法则原理、生克原理、拓适原理等。教育生态因子主要包括师资队伍建设、核心竞争力的提升和转型发展，三个主要生态因子之间相互联系和相互促进。

正是由于教育生态化的发展，于是就有了"生态化育人"模式的产生，也就是以"生态化"理念指导学校的教育教学，根据生态学原理和专业属性,合理配置教育资源,优化课程结构,使培养人才的过程自然和谐,让参与整个人才培养的各个元素有机融合、共生共长,形成一种和美与共、美美与共、开放包容、协同发展的新型教育发展模式,最终促进整个育人系统的动态平衡。"生态化育人"模式追求的是一种极其自然的平衡状态,包括整个教育体系的内外部环境、内外部主客体之间的相互依赖、互促互利的协同。"生态化育人"的核心是把育人体系看成一个由各种因子组成的复杂网络生态系统,各相关因子发挥各自的作用,并且相互依存、相互促进,彼此之间协调平衡好共生与竞争、平衡与发展的状态,达到教育要素输入、输出状态的动态平衡。首先,生态化育人系统中各个相关因子享受同等的发展权利,并在一定条件下彼此能够融合协同发展,否则这个生态系统就容易失去平衡。其次,生态育人系统中的各个因子的发展无法做到绝对的平衡,因为彼此之间存在着各种差异,此时就需要通过竞争的方式使得系统保持生生不息的活力,比如学生个体之间存在差异,不可能所有的奖学金都平分,那么就需要通过竞争形成差异化。在整个生态系统中,三个价值主体是教育者、受教育者和社会。三个基本环节包括学校外部的社会环境、校园内部的生态环境以及学校内部师生和生生之间形成的环境。学校是整个"生态化育人"的中心,其他各个要素围绕学校而存在,教师围绕学校的政策发展开展教学,学生按照学校的行为规范和毕业要求进行专业学习,社会根据学校的需求和学校的办学情况开展校企合作,正是因为各个价值主体之间的相互作用,学校才能通过机制调节平衡整个育人生态系统,推动学校教育教学质量向纵深发展、可持续发展。

商务英语专业属于高等教育系统中的一个子系统,它与学校以及外部系统保持紧密的联系,同时又是一个相对独立的体系,具有同其他生态体系相区别的特质,有自己的运行和发展规律。这种特质突出地表现为:该专业内部各个因子之间协调发展,专业与高等教育系统中的其他因子相互作用、协同发展。其中,教师和学生是商务英语专业生态系统中的主要因子,因此在专业"生态化育人"中要高度重视人的存在,以人的发展为目标。因此,商务英语生态化发展强调坚持"以人为本""能力本位""和谐共生"的理念。人是不断成长发展的个体,是一个动态的个体,同时也是自然属性、社会属性及实践属性的统一。因此,商务英语人才培养生态化模式注重人的全面自由发展,人才培养服务既要符合社会发展的需要,也要考虑学生个体发展的需要，真正帮助学生实现自身自由全面的发展，不断践行"尊重人、关心人、信任人、提升人和完善人"的教育。实现商务英语专业人才培养的生态化，要注意以下原则：首先，商务英语人才培养的目标是高素质的、应用型的、多样化的人才。这就要求商务英语专业培养的人才实现全面自由发展，不仅是智商的提高、技能的获得，还要提高情商、逆商。自由并不是放任自由，而是因材施教，注重有教无类的自由，是对学生有一定约束力的自由，让他们既有共性也有差异性。商务英语专业人才培养理念就是保证系统的生态平衡，通过公平教育实现系统的和谐发展，让每一个学生的内在潜能能够充分被挖掘，使其能够自由成长。其次，人才培养过程是生态化、多样化的过程。主要是要坚持以学生为中心，在专业建设、课程建设、师资队伍建设、教学管理、课堂建设方面融入生态化理念，达到一种平衡有趣的状态，营造和谐的育人氛围，激发学生的创造力，形成人才培养的"生态链"。最后，育人环境生态化。商务英语专业的人才培养需要借助各种活动来实现，开展相关活动需要有一定的硬件环境和文化软环境。一方面，校园内部需要有适宜学生学习、生活的校园生态环境；另一方面，学校要借助文化软实力形成独有的校园人文环境，只有两者有机结合，才能让学生心情愉悦地进行再创造。

生态化教学模式不仅关注学生自我认识的发展与身心健康，而且留心学生在学习互动过程中社会意识与社会技能的发展，从而实现个体个性化与社会化的和谐统一。对于商务英语教学本身而言，生态化教学模式实现了商务英语教学价值的可持续生成性。长期以来，有关商务英语人才模式的探索从未停止，"生态化育人"模式是全新视角的探索，也是新的开始。

6.3.1 人才培养生态环境

良好的生态环境是培育人才的重要基础条件，环境影响着人们性格的形成、思想的成长和发展等。环境包括外在的自然环境和内在的人文环境。良好的环境可以激发人的主观能动性和创造力。良好的生态环境本质就是建立一种人与自然、人与人之间和谐相处的平等互惠的关系。生态型高校育人环境是建立在生态文明基础上的，以人才培养为核心，坚持和谐共生的原则，形成绿色人才培养、科学研究、社会服务一体化的生态型教育模式。生态型校园是指运用生态学的基本原理和方法，构建人与自然和谐的校园环境，形成积极向上、充满知识和趣味的育人空间（彭福扬、邱跃华，2011）。

良好的校园生态环境包括美丽的校园自然环境系统、和谐的建筑系统和人性化的教育服务系统，能够让学生处于一个轻松愉悦、开放包容、学玩一体的环境之中。就自然环境而言，学校应该打造充满自然景观、四季常青、山水环绕的让人心怡的温馨校园。除了自然景观，还应有充满文化内涵和思想内涵的校园文化建设，对学生的道德、修养和品格形成起到潜移默化的影响。校园生态环境应该坚持绿色发展理念，引导学生保护环境、节约能源、变废为宝。绿色发展要求提高资源利用率，即在源头上尽量少从自然界获取资源，并且最大限度地充分利用这些资源。绿色发展更加注重环境的承载力，在人类社会的发展过程中要以维持环境和实现生态和谐为宗旨（彭福扬、邱跃华，2011）。在校园环境生态化建设的过程中要围绕互动开放、和谐共生、自我修正以及纯正朴实的准则，积极宣传生态化的教育理念，办好生态型的高校。同时，校园人文环境的建设是一个长期的过程，需要时间和岁月的沉淀，校园需要积极开展丰富多彩的活动，比如阅读活动、环保主题创意活动等，让校园成为一块花园式的书香宝地。

除了校园内部的环境，学校还要为人才培养搭建有利于学生成长的社会环境。大学是一所开放型的学校，不可闭门造车，一定要借助社会为学生建立良好的实习就业环境。学校与社会企业、政府和学生家庭之间的不断互动为学生的成长创造更加有利的条件。比如学校与家庭的互动，让家长更加明晰孩子在校的情况，学校用更加专业的育人思维引导家长正确看待孩子的成长，与学校老师一起共同为孩子的成长创造宽松愉悦的环境。学校与企业和政府之间的信息互动能为学生打破信息差，顺利实现与社会的接轨。高校与社会的交流沟通能够让学校更加及时了解社会经济发展的动态，了解外在环境对人才的需求，从而及时调整内部环境、调整专业结构、充分利用教育资源，为社会经济的发展培养更多优秀的人才。持续有效的教育投入最终会推动整个教育事业的发展，高校通过为社会培养优秀的人才来助力社会发展。可以说，社会与高校的持续互动推动了整个教育事业的发展。

6.3.2 课程生态

人才培养的关键是要创新和改进专业课教学模式，优化设置课程内容，致力于打造结构合理的课程群，建设一批一流课程。新时期，我们应当充分认知复合型专业商务英语人才的特点和基本特征，重新科学合理地规划与设计教学内容以及专业课程体系，不断优化课程结构，培养出更适合经济发展的优质英语人才。课程生态主要包括教学模式的生态化和教学资源的生态化。就教学模式而言，体验式学习理念是基于生态学物种多样性的原理——提高物种多样性可增强生态系统的稳定性，提高系统生产力。体验式学习强调学习过程中学生主体的主动性与能动性，关注学习过程中学生主体在各个环节的参与感与反思性。简而言之，体验式学习着重留心于学生在学习情境中是否事必躬亲。体验式学习情境的创设是诸多因素共同作用的结果，既丰富生态化课堂的内容，又维护生态化课堂的稳定性。生态化课堂展现以导激学、以学促教、以评推动教与学的英语教学的多样性和英语课堂的稳定性。体验式学习的生态化课堂更强调诸多环节间的关联性与系统性，以实现各环节功能性的转化。学习情境的创设一直在英语教学中具有重要分量与独特功能，是体验式学习的中流砥柱。生态化课堂的情境创设不仅积极运用网络技术力求二语习得情境的真实性，培养学生的语言运用能力，而且关注课堂教与学的氛围，有助于学生保持对英语学习的科学认识和健康心境。在此基础上，体验式学习的生态课堂带动学生自主与学习情景中的各因子相互作用，开展体验式的英语学习活动。

就教学资源而言，在新文科背景下，商务英语专业的人才培养必定要注重复合型应用型人才的培养，会涉及法律、经贸、管理等专业领域的知识，因此为了形成良好的课程生态体系，本节重点讲述课程群的建设。

自20世纪90年代开始，我国高校课程以多门课程组合的形式进行建设。在"四新"建设大力推进的时代，课程群的构建显得越来越重要。课程群是指以课程的知识、方法、素养等内在联系为契机，对相关课程进行划分和整合，形成既密切关联、渗透互补，又相对独立的课程群落。课程群的构建是提升人才培养水平的重要举措，是教学改革的发展趋势。

课程群是以现代教育思想为指导，对教学计划中具有相互影响、相互间可构成完整教学内容体系的相关课程进行重新规划、设计、构建的整合性课程的有机集成。课程群中的课程有合理的结构，层次相互衔接、渗透，具有打造学科优势的特点。课程群的建设对课程之间相互衔接、团队之间相互交流等方面都有显著的推进作用，可以给学生提供更好的学习体验。课程群的建设也与当前推行的新文科建设的理念同向同行，尤其对于商务英语这种复合型人才培养的专业尤为重要，是一项值得持续推进的教学改革理念。

根据课程性质，商务英语专业通常可以建立以下五个课程群：通识教育类课程群、文化文学素养类课程群、商务英语知识课程群、商科类课程群、实践教学课程群。以商务英语知识课程群为例，关于"销售"这个话题会出现在不同课程中，但是每门课程的侧重点和教学方式都会有所不同，因此课程群建立有利于集体备课，共同探讨各门课程中该知识点的讲解方式。比如，"商务英语阅读"侧重于通过文本学习了解销售的作用以及技巧，帮助学生理解销售人员应该具备的素质等；"商务英语口语"侧重口头表达，通过情景化口语练习培养学生运用英语和跨文化知识的能力，从而能够应对外贸中的沟通问题；"商务英语写作"则是从信函方面加强对学生海外销售技巧的文书写作能力培养。通过课程群的建立，可以以毕业总体要求为依据，细分到每门课程的具体要求和目标，这样更容易实现对学生全方位的培养。

商务英语课程群的构建并不是简单的课程罗列组合，而是结合应用型人才培养的需求和各类课程建设的需求而设置。课程群的建设主要有以下理论依据。

（1）OBE教育教学理念。OBE教育教学理念强调以学生学习成果为导向，主要包括知识成果、技能成果和能力成果。知识成果主要指学生毕业时能够获取的与本专业相关的基础理论知识；技能成果主要是指毕业时学生通过专业学习获得的技能；能力成果则是指学生在整个学习期间所形成的综合能力。因此，根据学校定位、社会发展需求、学生特点等方面形成学生的预期学习成果对于人才培养至关重要，只有学生在学习过程中掌握了必备的理论知识、形成了良好的学习习惯、培养了综合实践能力，才能更好地适应社会的发展。因为在传统教学模式下理论知识的学习通常比较充分，但是实践技能的掌握却略显不足，主要是因为学校硬件不够、人才培养方案设置缺少对社会企业行业的调查。根据OBE教育教学理念可以更好地设置商务英语专业的人才培养体系，尤其是加强商科知识的传授和实践技能的培养。这种按照需求构建课程群的模式，不仅有利于制订教学计划、选择教学材料，还易于开展教学活动和教学评估。盲目地对课程进行叠加，容易出现教学内容重叠或者缺失、教学分工不明确等问题，从而影响整体教学效果。因此，依据需求整体组建课程群更有利于专业的协同发展，有利于学生的能力培养。

（2）"互联网＋"的理念。"互联网＋"的理念主要是指以互联网为基础的一整套信息技术（包括移动互联网、云计算、大数据）在政治、经济以及社会生活各方面扩散与应用的过程。当前，互联网对教育教学的方式影响巨大，学生的学习方式也悄然发生变化，这意味着教师的教学方式也要发生深刻的变化。在课程群建设过程中，可以充分考虑"互联网＋"的理念，尤其在某些动手实操课程中发挥互联网的便利性和前沿性，将具有相关性且需要采用线上线下结合方式完成的课程进行重组，形成相应的课程群，从而实现学生学习能力和学习效果的提升。

当然，课程群实际建设的过程中要充分考虑学校的定位、学生的现状、教学资源等，实现价值塑造、知识传授、能力培养的深度融合。在此，笔者认为可以按照以下原则推进商务英语专业课程群的建设：

（1）坚持落实"立德树人"的根本任务

新时代的英语教学不再单纯是讲授英语知识，而是以"立德树人"为根本任务，用好课堂教学这个渠道，使各类课程与思想政治理论课同向同行，形成协同效应，培养能够讲好中国故事、传播中国文化、分享中国商品的外语人才。

商务英语课程群的构建首先要考虑课程的相关性、内容上的关联度和教学方式的互通性等问题。在具体的课程群建设过程中，坚持贯彻落实"三全育人"的教育教学理念，教师之间互相交流合作，深挖各门课程中的思政元素，形成课程思政案例库。比如，在"跨文化沟通"课程中，要引导学生正确看待文化差异，学会理解他国的文化，更要树立对本国文化的自信，在对外交流谈判中，要始终把握原则底线，顾全大局，展现自身的实力与担当。"商务英语翻译"课程虽然不会直接讲到文化差异，但是翻译的过程中也需要考虑到文化的差异。因此，在课程讲授的过程中，要引导学生做好有效的语言传递，避免因忽视文化差异而带来的损失。"商务综合英语"作为一门综合类的商务英语课程，在教学过程中自然也会涉及文化差异的理解，教师需要通过设置相关的情景引导学生对文化差异的深刻理解，从而能够流畅地进行对外交流。比如，当讲到国际社会中不同民族的利益时，学生可以通过文本素材了解不同国家的特征，因此我们要学会接纳包容，同时也要坚定自己的立场和文化认同感。在"跨境电商直播"这类实践性强的课程中，学生在进行选品的时候需要充分考虑目标市场的文化，并且在直播过程中也要深入了解目标市场的文化，这样才有可能达到更好的销售业绩。因此，各门课程始终要守好课堂主阵地，对于教学内容要精心设计，让学生"做中学，学中做"。

因此，在课程群构建的过程中需要充分考虑课程之间协同育人的效能、教师队伍的建设，只有硬件和软件资源齐头并进，课程群建设才会更加有效。

（2）与时俱进，优化课程结构

商务英语课程群的建设需要充分考虑到教育部对人才培养的要求、学校的实际情况、学生的特点等。笔者结合所在学校的实际，建议商务英语专业可以组建以下课程群。

图7　商务英语专业课程群

各个课程群在课程开设时间上应具有连贯性和整体性的特点，这样可以确保教学内容之间的有效衔接。例如，商务英语知识课程群中的"商务综合英语"开设4个学期：前两个学期学生着重基本功练习，做好高中与大学的知识衔接，少量涉及商务知识。大二课程中则增加了商务知识，在第3学期和第4学期开设"商务英语写作"，巩固学生所学的词汇、语法知识，增加商务应用文写作的训练，为后续课程奠定基础，也有助于大二学年各类英语考级。大三学年开设了难度较大的"商务英语翻译"，该课程会用到以前所学的基础知识以及文化类课程知识,这样安排既遵循了学科学习的规律,也能更好地激发学生的学习兴趣。再如商科类课程群,可以根据人才培养目标,细分各门课程的具体教学目标。"国际商法"是让学生了解国际贸易的相关法律规定;"国际贸易与实务"则是让学生了解国际贸易相关的流程和规则。这些为"商务谈判"和"跨境电商直播"课程的有效开展奠定了基础。学生通过相关理论知识的学习更加了解了国际贸易的规则和秩序,在实践性较强的课程中才能有章法地使用这些规则,从而才能更好地理解专业知识。文化类课程则主要在大三、大四学年开设,此时学生已经有较为成熟的价值观,能够对中西文化有较深刻的理解,为后期的工作奠定基础。

要想做好课程群的建设,除了与时俱进增加时代需求的课程之外,还需要对课程的考核方式和评价方式进行优化。比如,商务英语知识课程群内的各门课程主要采取"期末考试+平时成绩"的方式评估学生的学习成果,但是对于听说类的课程主要采取考查方式,侧重评估学生的实操能力。"商务英语翻译"的课程要注重学生平时的翻译实践,可以借助相应的实践教学平台加强学生的实操能力,可以加大平时成绩的比重。"商务英语写作"课程除了有终结性的考试,平时要加强学生实操的练习,充分利用校企合作资源让学生在实际场景中运用商务写作技巧,实现有效沟通。"商务综合英语"课程强调学生课堂的参与度以及综合能力的培养,因此要加强教学过程管理,充分调动学生的积极性,比如对平时听、说、读、写能力赋予分值,这样既能对学生提出硬性要求,也能公平客观评价学生的学习过程。文化文学类课程群主要是要求学生对相关知识的理解运用,可以采取对分课堂等方式让学生参与到课程讨论学习之中,从而达到知识内化的目的。对于商科类课程群,主要是加强重点知识的考核,让学生理解并应用相关规则。

课程结构优化的结果评估也是至关重要的。首先,通过校内同行听课、学生评教和学生座谈等方式了解课程群建设的效果;其次,通过鼓励教师申报教学质量工程项目展现课程特色,凸显日常的点滴教学积累成果。在此过程中,课程群内的教师之间要常交流、互促进,在教育教学上苦练内功。课程群的良好发展势态对于提升教学质量有着重要意义,为教学质量的提升提供了保障。

(3) 提升教师综合能力,培养应用技术型人才

教师是课程群建设的决策者和实施者,他们综合能力的提高能够对课程群的建设起到促进作用。因此,在推进商务英语课程群的建设中,学校要竭力为教师的成长提供足够多的平台和资源,这样教师的格局大了、认知提高了,才能更好反哺教育。在课程群建设过程中可以多途径提高教师的教育教学能力。在内部,教师之间互相交流,采取示范课展示、同行听课评课等形式促进彼此的交流学习;在外部,通过建立虚拟教研室打通教师与其他同类高校交流的渠道,从而促进教师不断改进教学方法,优化教学内容,改进评价机制,最终达到提高教学质量的目的。在商科类课程群建设中,要加强课程之间的衔接和教师直接的交流,比如"国际商法""商务谈判"这些课程中会学习到一些国际贸易法律和谈判技巧,这样可以应用到跨境直播实务课程中。在"跨境直播实务"课程中,教师可以通过课堂教学告知学生直播中的基本原则、常使用的语言表达和语言禁忌等,但是具体如何选品、销售等这些需要在真实的场景中展示,而学校的教学条件较为有限,线上的实训平台也只能是理想的模拟环境。通过校企合作实现真实场景的模拟,学生则能真正体验现实环境中跨境直播应该如何做到游刃有余。在实践教学课程群的建设中,教师一方面要加强相关课程的理论学习,另一方面则要通过顶岗锻炼等多种方式提升实操能力,或者通过聘请企业人员联合开展实践教学等方式。比如,在"商务报告写作"课程中,仅仅靠平时所学的理论知识去完成一个报告是远远不够的,教师可以联系企业做商务运营的人员共同指导学生,让学生能够理解商务报告对于企业运营的重要意义,教师在此过程中也能更好地提升自己的认知和实践能力,能够更加高效地指导后期的实践教学。

由此看来,课程群的建设是提升应用型人才培养的重要举措,也是教学改革的发展趋势。课程群的建设有利于搭建优秀教师团队,有利于形成良好的课程体系,有利于充实课程内容,能够为"协同育人"提供新路径,是值得持续探索的教学改革模式。

6.3.3 师资生态

随着社会发展的需要,我国逐步建成大批高水平应用型本科院校。可以说,应用型本科院校是我国本科教育的有效补充,并且已经成为我国高

6. 应用型商务英语人才培养模式

等教育生态体系的重要组成部分。应用型本科院校为区域经济的发展培养了大批人才，是助力实现我国高等教育整体高质量发展的关键。培养高素质应用型人才是应用型本科院校的首要目标，而应用型本科院校的师资队伍水平决定了应用型本科院校能否高素质、高质量地培养应用技术型人才。教师是教育工作的中坚力量。有高质量的教师，才会有高质量的教育。应用型本科院校要想扎实做好高素质应用型人才培养工作，提供高质量的教育服务，就必须建有一支高水平的师资队伍，也就是说，教师必须具备良好的教学能力和学术能力。正如加拿大学者迈克尔·富兰（2004）所说的那样，"学校获得成功的内在机制在于教师"，应用型本科院校应以建设一支"明师德、乐教学、能科研、精技能、懂行业、通市场"的"双师双能型"教师队伍为目标（宋继碧，2023）。

伴随着中国制造向中国创造转变、中国产品向中国品牌转型，产业界和教育界也面临着专业结构的大调整。应用型本科院校面临着加速转型发展的挑战与机遇。目前国家大力主张建设一批高水平的应用型本科院校就是高等教育生态化布局的重要体现，这是适应社会积极发展的迫切需要，更是平衡高等教育生态体系的重要举措。过去20多年来，我国民办高等教育蓬勃发展，多数发展为应用型本科或者高职院校，随着不断扩招，大多数成为综合性院校，但教育资源的局限性导致办学特色不够鲜明。受办学成本、师资水平、教学质量等教育生态因子的限制，部分应用型本科院校培养的人才既不是具备娴熟的专项技能的应用型人才，更不是具有较高理论研究水平的学术型人才。多数学生认为他们读的是本科院校，就应该是在办公室工作，而不是去生产一线从事基础劳动。各个院校在人才培养目标的定位上也不够清晰：一方面，为了满足部分学生考公考研的愿望，按照一流本科的方案进行人才培养；另一方面，苦于大部分学生无法消化吸收所讲的知识，而动手实践能力也一般。近些年，企业"用工荒"与学校"就业难"矛盾日益突出，高校人才供给结构与社会经济发展对人才的需求不能实现无缝衔接，这极大地破坏了高等教育的生态。面临办学定位的偏差与师资生态结构的不合理，应用型本科院校商务英语专业要积极思考变革的手段和方法，重点是形成优秀的师资队伍，尤其是懂得实践技能的"双师双能型"教师队伍，他们能够给予学生正确的择业观和学习规划的指导。

从教育生态来看，应用型本科院校是高等教育生态系统的重要组成部分，我们可以把每个应用型本科院校看作一个基本的微观教育生态单元，而每个专业又是其中的微教育单元。比如商务英语专业，师生的行为、专业建设的规模、专业教学设施等都围绕着"教与学"的中心，共同构成一个不断运动的微观专业生态环境。在专业生态发展中，教师和学生是主体，教师是微观专业生态环境的主要生态因子，高效科学的人事管理制度和教师评价机制是激发教师生态因子活力的最有利因素。运用教育生态链法则有效探索教育发展规律和高效科学的人事管理，以便能够统筹协调教育生态系统内部各因素间的关系，从而将应用型本科院校教师队伍建设和专业发展提升到精细化水平。在应用型本科院校商务英语专业中，专业发展和师资队伍发展是该专业生态中的两个生态因子，两者相辅相成、相互促进，共同构成了一个复杂的结构环境。就专业发展而言，要能够提升教师的自信心，激发教师创新教学方法方式的决心，为教师发展提供健康有序的专业发展生态环境。作为教师，我们一定要找准自己在生态链中的定位，明晰各自的角色，保持终身学习的心态，不断加强教学理论和实践能力的培养，与时俱进地更新人才培养模式。当教师实现了有效发展，师资队伍才能够实现更高层次的精准发展。以此来看，应用型本科院校商务英语专业的稳健发展需要依靠高质量的教师团队，反过来优秀的教师团队也能促进整个专业生态的有序发展，因此通过教育生态学视域来研究师资队伍对于应用型商务英语专业的发展具有重要的价值。

在商务英语专业的发展过程中，师资队伍的生态化发展也存在诸多问题和挑战。第一，师资生态结构的"应用型"特色不合理。主要原因是高校在招聘教师时学历是硬性门槛，因此很多教师从研究生毕业就立即进入新的校园成为教师，本身缺少社会实践经历。甚至有的学校为了凸显师资力量，还引进博士。对于应用型商务英语来说，学生将来极少会继续深造做学术研究，大部分会选择就业，他们需要的是够用为度的知识和过硬的实践能力，不需要太多高深的理论。第二，师资队伍纵向结构不合理。随着我国高等教育进入大众化时代，高校的扩招和办学规模不断扩大，师资数量上的短缺和质量上的不足成为制约各高校发展的瓶颈。比如，多数民办应用型本科院校是在2000年左右成立，迄今为止有20多年的发展，自己培养的老师成为正高级别的较少，但是学校为了高质量发展，必须要有

/ 6. 应用型商务英语人才培养模式 /

高职称的人才，因此很多学校求贤若渴。新进教师中基本都是英语专业毕业的硕士研究生，缺少企业的实战经验。应用型本科院校师资队伍的建设面临的最大问题是难留难引，因为应用型本校院校普遍名气不如一流研究型高校，而且财力有限，地理位置较偏，拥有高级职称或者自身有某方面特长的老师会选择跳槽。因此，应用型商务英语专业普遍的问题是高层次人才缺乏，学科领军人才匮乏，师资队伍的纵向生态结构不合理，一定程度上制约了应用型本科院校的高质量发展。第三，师资队伍横向结构不合理，技能型师资缺乏。由于实际工作时间等原因，目前的校企合作多为学生的实习就业的合作，老师顶岗锻炼的机会非常少，因此技能型的教师非常缺乏。而应用型本科院校的待遇普遍较低，在引进企业高技能型人才方面难以实现，加上有的企业技能型人员只擅长自己做技术，而不擅长对学生进行指导培训。

　　面对以上问题和困境，我们依然需要采取相应的对策，实现商务英语专业教师队伍良好的生态化发展。

　　首先，要树立专业生态意识，化解生态危机。所谓专业生态意识，是指对专业生态系统自身生存与发展的认识，尤其是有关专业生态系统生存与发展的危机意识，主要包括国家的可持续发展战略、文化环境、人口生态、自然环境、社区环境、网络舆论等对专业生态的影响，以及教育资源短缺等现象。在经济社会发展的新形势、新背景下，商务英语专业发展也面临多种机遇与挑战。比如，现在传统的贸易行业受挫，但是跨境电商和会展商务行业蓬勃发展。再如，在网络舆论对大众选择专业的影响下，"文科无用论"再次对商务英语专业的生源产生巨大冲击。因此，应用型本科院校商务英语专业生态系统发展面临巨大挑战与考验，对于教育主管部门、应用型高校及其教师与学生来说，树立并强化专业生态意识显得尤为重要。只有学校、教师和学生树立正确的专业生态观，主动作为，才会出现更好的专业生态。提高不同相关因子的教育生态意识是解决影响专业生态危机与困难的思想基础。除此之外，还需要处理好生态系统中几个关系。一是共生与竞争的关系。要处理好商务英语专业与其他专业之间的协同发展、融合发展，形成交叉学科，构建良好的共生关系。同时，文科学院的教师之间要形成可持续的生态链，彼此赋能，比如经管学院为商务英语专业教师提供商科知识学习的机会，外语学院为经管学院的教师提供外语学习提升的机会。只有教师之间多沟通,才有更多机会了解学生的需求、了解行业的需求,为广大学生带来福利。二是平衡与失衡的关系。学校与外语学院应该用长远发展的眼光看待专业生态问题,时代在变化,高校的专业生态也会发生变化。比如,20年前市场营销专业火爆,但是今非昔比;不是市场营销不重要,是因为新的时代对营销提出了更高要求,后来出现了国际贸易,到近几年电商专业如火如荼发展。因此,学校和二级学院应客观看待专业发展问题,做好教师、学生的思想工作尤为重要。同时要鼓励教师积极思考、坚持学习,用更新、更好的方法引领学生学好专业。三是适应与发展的关系。应用型商务英语专业虽然面临多重外在挑战,但是整体而言,该专业还是具有发展前景的,也是英语学科复合型人才培养的重要专业之一。教师要适应这种变化,坚持学习,充分利用数字化教学资源,积极带领学生参与各类学科竞赛,做到以赛促学、以赛促教。教师之间应互相鼓励、互相支持,提升教学科研能力、教学设计能力和指导学生参加各类学科竞赛的能力。

其次,转变教师的观念,促使教师经常反思,持续学习新知识,形成合作模式,保持内稳态——教师生态主体的自我修炼。内稳态指的是生物对内部环境进行自我控制和维护,作用在于提升生物个体对环境的适应性。就教师主体而言,在适应环境的过程中要转变观念,发挥个人的主观能动性,对自己的教育行为和方式有清晰的认知,对于不足之处能够及时调整。

教学观念是人们对教学活动的一种理解和认识,常用某种方式组织并表达出来,其主旨是对教育实践产生影响。教学观念中包含"教"的思想,即如何用学生可接受的方式进行教学内容的传授,做到因材施教,循序渐进、启发诱导,不断创新教学手段。教学观念中也包含"学"的意义,强调学以致用。对于应用型商务英语专业的学生来说,还强调够用为度,加强实践技能学习。应用型商务英语专业的发展得依靠具有清晰的专业发展愿景的领头人,因此外语学院院长的教育教学理念对于本专业的发展起着重要的指导作用。教学副院长和教研室主任则要落实院长的理念,具体细化到人才培养方案的制订之中。教师需要根据人才培养方案制订科学合理的教学大纲和授课计划,选取适合学生能力水平的优质教学内容,并且要学会将数字化教学资源有效融入教学之中。对于新开课程,鼓励年轻教师积极承担教学任务,加强跨学科知识的学习,成为"双师双能型"教师。

6. 应用型商务英语人才培养模式

师资队伍是应用型本科院校发展的基础，学校和二级学院应该为应用型商务英语专业的发展创设良好的制度环境，调整师资队伍的建设思路和方向，做到内培外引相结合，不断为教师队伍的建设赋能。当然，校内教师一定要具备合作意识，教师之间可以就商务英语课堂中可能出现的话语内容、当前学校商务英语教学活动中可以提供的有效教学传播媒介、商务英语教师与学生的相互关系及话语互动与话语配合程度等方面进行深入交流讨论，寻求合作共赢的模式，调动商务英语教师参与到合作化发展训练的活动中。通过课程之间的衔接联系，商务英语教师可以组成不同的课程群，然后根据各自的课程群特征进行具体教学模式的选择和教学人员的分配。合作模式能够更好地保证课程的专业性和教学的有效性。通过教师合作化模式的发展，能够构建教师之间良好的生态链，最终促进所有教师的专业化发展。通过教研组任务模块集体备课、同行互相听课及集体科研等途径，实现合作化发展。同行听课可以促进彼此之间的交流合作，互相取长补短。集体备课能够集思广益，有利于一流课程的建设和教学创新模式的发展。集体科研则可以互相交流科研的心得体会，不断提升个人的科研能力，促进团队科研成果的转化。商务英语教师都有自身发展的热情，也有对自己所从事专业的爱好。商务英语合作化模式教学要"在做上教、在做上学"，通过合作发展模式，教师之间彼此交流思想，实现效益最大化，教师个人也能得到更好的发展。

除此之外，教师要经常反思和接受自己的不足，这样才能形成长远的发展。在信息化时代，教师尤其要更加注重自己信息化素养的提升并不断学习。在传统的外语教学实践活动中，外语教师的教学设计主要围绕"教"而开展，因此课后反思多数是对所教内容、讲课的方式和学生的上课反馈等进行反思，而对于信息技术的利用相对思考较少。通常情况下，信息技术环境下反思性教学的内容包括以下几个方面：

（1）对教学内容的反思。在信息爆炸的年代，外语教师如何为学生提供实用有趣、紧紧围绕教学大纲的内容是一项具有挑战的工作。比如，过去很多教师上课时围绕单词的用法对例句进行讲解，但是现在网络发达，学生可以很快利用手机查到单词意思或者直接拍照翻译出来。如果教师继续用传统的方法讲授单词，学生自然没有兴趣。教师则需要借助互联网了解一些常考词在新的语言环境中如何运用，结合学生的英语考级等考试讲解单词的用法以及在某些话题作文中的应用。对于课文的讲解不应该是传统的翻译，应该帮助学生通过文章理清思路，找到一些可借鉴的句型，拓展相关的语法，尤其要引领学生对课文内涵进行深度思考，并在此过程中融入课程思政的内容。这样一来，课堂的教学内容不再是简单的词汇学习，而是帮助学生认知世界、理解世界，学会沟通世界，让外语教学潜移默化地肩负起"立德树人"的根本任务。

（2）对教学方式的反思。在传统的外语教学中，教师多半采用讲授式的方法，学生也是处于被动接受知识的状态。但是信息技术的发展让学生获取各种资源的途径更为便捷，如果教师仅仅是照本宣科已经无法满足新时代大学生对英语知识的需求。因此，外语教师应该通过互联网不断学习新的教学方式，比如采用翻转课堂、微课等方式让学生能够摄入足够经典丰富的知识，从而在课堂上能够围绕教材进行深度讨论，利用小组讨论等方式激发学生自主独立思考的能力，逐步培养学生的思辨能力和表达能力。

（3）对教学效果的反思。教师在课后不仅对自己所讲授的专业知识的宽度和深度进行反思，更应该思考所传授的专业知识是否被学生理解和认同。过去教师可能需要在备课本上记录自己的教学反思，如今在信息技术环境下教师可以多途径、多层面地对教学效果进行反思。比如，教师可以采用各种云端笔记本在课间迅速记下一些教学反思内容，利用"问卷星"等小程序搜集学生对课堂的反馈意见，利用"优学院"等在线学习平台及时发布一些课堂知识点的题目查看学生的完成情况等。对于信息技术的充分利用让教学反思的过程变得更加动态和有效。

（4）对教师评价机制的完善。教师评价是学校生态化发展中必不可少的环节，对提高学校教育质量具有重要作用。英国学者怀斯等人对教师评价提出了"行政性评价"和"专业性评价"两种概念。行政性评价是一种高度标准化的行政指标评价，主要适用于管理人员进行与学科内容无关的教学效能核定导向的评价；专业性评价主要适用于评价教师教学的优缺点、教学策略以及帮助提高教师专业发展为目的的教师职业发展评价（陈玉琨，1999）。一套科学有效的教师评价机制应该科学合理用好行政性评价和专业性评价两种方式，制定科学的评价目的，设计恰当的评价策略，采取科学的评价方法、评价标准、评价模式和评价内容。评价目的是以促进和帮助教师提高教育教学质量、培养社会需求的合格应用型人才为目的。设计评价策略时,评价人员要客观公正地看待评价对象,以联系的、动态的、整体的、全面的视角分析被评价对象,确保评价的公平性。与此同时,教师评价还要加强过程管理,避免因个人因素对评价结果产生重大影响。在评价方法的选择上,要坚持人道主义原则,减少教师的心理压力甚至排斥心理。运用同行评价、领导抽查、学生评教、日常座谈和教学成果展示等多种方式,让评价结果可视化,这样教师也能易于发现自己的问题,并不断改正,从而提高教学质量。评价标准要依据课程的性质进行设定,比如理论课教师侧重教学效果,实践课教师侧重考查带领学生分析问题、解决问题的能力以及实用性方面应用研究的能力。在评价内容方面,根据不同的评价模式和评价对象设定不同的评价内容。在评价标准的制定上,要能体现促进不同类型教师发展的不同考评标准,可以根据教师的职称进行不同的标准设定。

总之,根据教育生态理念,基于应用型商务英语专业生态体系,提高人才培养质量的关键是建设一支"师德高尚、教学精湛、教研务实、科研在行、技能熟练、社会资源丰富"的师资队伍。尽管困难重重,但是通过树立正确的专业生态意识,为教师提供良好的成长环境,构建科学合理的评价机制,明晰教师队伍发展的方向,一定能实现高素质、高质量的人才培养目标。

6.3.4 专业生态

商务英语专业生态教学是一个复杂的动态系统,它包含多种不同的生态因子。从宏观层面,这些生态因子包括教师、学生及教学环境。教师作为生态给养提供者,对自我积累的信息(知识)以及外部生态资源(知识、信息)进行加工,将之作为生态养分,通过一定的教学手段和利用相应的教学资源输送给学生;学生作为生态给养吸收者,对这些养分进行分解、消化、吸收,再通过教学媒介呈现给教师。系统通过生态位(教师和学生)、环境等各因子之间的相互作用进行物质和能量的输入与输出,维持着商务英语专业生态教学系统的平衡。从微观层面,该系统既包括教师和学生构成的和谐共生的生态共同体,又包括教师和学生个体的生态系统,还包括不同课程的教学资源、教学模式、教学方法及手段、评价方式。每位教师都有各自的知识积累、个性特征、教学理念和教学风格;同时,每位学生都有各自不同的心理特点、性格特征、认知方式及学习风格。这些微观生态系统具有共生性、协变性，彼此间相互作用，维持整个商务英语专业生态教学系统的动态平衡。总体上，商务英语专业的生态系统主要包括专业本身的可持续发展和其中因子的可持续发展。

（1）商务英语专业本身的可持续发展

商务英语专业作为文科类专业，是当代外语类学科发展的必然结果。该专业需要与其他专业融合发展，而且自身专业体系也要融合发展。

首先，商务英语专业需要与其他专业融合发展。《高等学校商务英语专业本科教学质量国家标准》明确指出，商务英语本科专业具有跨学科特点，其学科基础是以外国语言文学、工商管理、法学（国际商法）等为依托，突出商务语言运用、商务知识与实践、跨文化商务交际能力的人才培养特色，培养能从事国际商务工作的复合型、应用型人才。就当前的状况来看，多数学校的商务英语专业由外语学院进行管理，处于闭环发展的状态，与其他学院的交流较少，更谈不上深度的专业融合发展。实际上，随着社会对人才需求的多元化，我们必须要立足于外语基础扎实的优势，充分借用校内其他学院的资源，培养学生多方面的能力，不断开辟育人新路径，这样将来才会更具竞争力。比如，近两年随着考公热，很多文科生会选择读法学，但现实是体制内对法学人才的需求有限，导致法学人才过多。一些知名政法学院培养的法学人才已经很多，作为一般应用型本科院校的法学人才想要在庞大的就业市场中取得一席之地谈何容易。但是，随着我国对外不断开放，涉外法律人才仍然有着巨大的缺口。如果商务英语专业与法学专业融合发展，共同培养一批高素质、强技能的涉外法律人才，就可以更好弥补市场的缺口，也能极好地促进学生高端就业。近年来，随着自媒体的发展，短视频尤为流行。艺术学院的学生多半专业能力很强，外语能力较弱，在做出境视频时难免有些吃力。相比外语的学习来说，PS、短视频等新媒体的技能容易学会，我们可以与艺术学院实现资源共享，让商务英语专业的学生学习到一些新媒体的技能，这样就业选择会更多。再如，会计专业近些年也是家长和学生们热衷的专业，但是随着会计专业人数不断增多，而应用型本科院校在学校知名度上并不占据优势，因此学生就业机会相对较少，但是商务英语专业学生具备跨文化交际能力，如果能懂一定的财务知识，可以有机会去跨国企业就业。我们可以发挥各自优势，共同培养更具竞争力的应用型人才。再比如，我们国家现在正在进行美丽中

6. 应用型商务英语人才培养模式

国建设，让世界了解中国已经成了必然。其实，很多国外友人也希望来看一看新时代的中国，见证中国式现代化。面对外国友人的到来，我们需要一批优秀的英文导游，向他们讲好中国的山水、中国的风土人情和中国的故事。商务英语专业正好可以与旅游专业共创培养新模式，探索育人新路径，培养真正能够服务地区经济社会发展的人才。

其次，商务英语专业自身需要实现融合发展。简单来讲，商务英语专业自身特点决定了它要与创新创业教育融合发展。"大众创新，万众创业"是中国新时代的发展要求。近些年，国家举办各类竞赛，鼓励大学生创新创业。但是，很多商务英语专业选择的是传统的传授知识的人才培养方式，不重视创新创业的教育。虽然人才培养方案里面是有硬性要求开设创新创业课程，但是在具体落实的过程中有的学生则持敷衍的态度。长此以往，学生对于创新创业缺乏足够的认识，无法形成自己的创新思维能力。有的学校缺乏科学的评价手段，无法自觉地促进"双创"教育与专业教育的融合。总体来看，我国高校商务英语专业在"专""创"融合方面还有所欠缺，主要体现在师资力量不足、课程体系不完善、实践育人平台欠缺。因为许多商务英语专业的教师只具备教学经验，缺乏创业经历，所以对学生的指导也缺少针对性，更没法建立一个科学合理且完善的双创课程体系。多数时候双创项目就是发通知给学生，由学生自主组队完成，且准备时间较短，导致学生最后无法获取创新创业能力和形成创新创业思维。针对这些问题，我们可以采取以下策略实现商务英语专业教育融合发展。

构建"专""创"融合的课程体系。要在商务英语专业融入创新创业教育，就应促进两者协同并行发展。在具体的教学过程中，要全面贯穿创新思维，并有效融入创新创业知识，做到专业和创业的有机融合。同时，从培养学生创新创业思维、意识、技能等维度构建合理完善的商务英语课程体系，合理分配专业教育和"双创"教育的课时比例，促进两者一体化发展，形成良好的专业生态。

改革课程内容，促进专业的深度发展。高校要积极改革课程内容，与时俱进，选择具有一定深度、能够培养学生各方面能力和提升学生专业知识的教材，并通过有效的课程设计来提升学生的跨学科思辨能力。

课程具有专业性、创新性和应用性。目前，许多高校商务英语专业的课程设置偏重专业知识的传授，沿用传统的教学模式和内容，课程缺乏创新性和创业性。为了将"双创"教育与商务英语专业教育有机融合,高校需要对现有的课程进行调整,在夯实学生英语语言基础的前提下,融入商务知识和商务技能,同时借助数字化资源和先进的教学手段,提升课程的应用性和专业性。同时,在课程改革时要注重发挥好显性课程和隐性课程的双重作用,要以显性课程为主,辅以隐性课程。显性课程是指高校教学计划中明确开设的课程。隐性课程则通过设置一定的环境,潜移默化地向学生传授有关知识,比如给予学生各种创新创业竞赛的辅导等,只有两者有机结合,才能达到事半功倍的效果。

总的来看,为学生搭建创新创业教育平台,是促进创新创业教育与商务英语专业"专""创"融合发展的重要基础。通过融合发展,学生加深了对专业知识的理解,又能用批判性思维解决遇到的问题。学校可以自己投资,也可以联动校外合作企业共同搭建平台,实现校企协同育人。学校内部可以利用创新创业基地的优势,鼓励学生参与创新创业项目。同时,在信息化时代,学校要积极引进虚拟贸易平台,借助微课、慕课等现代化网络课程等形式进行教学,推动信息技术与教学的融合,让数字化资源赋能商务英语专业的建设。

(2)学生学习能力的可持续发展

联合国世界环境与发展委员会曾发表了一份报告《我们共同的未来》,其中正式提出了"可持续发展"的概念,将其定义为"既满足当代人的需要,又不对后代人满足其需要的能力构成危害的发展"(北京市科委,1997)。可持续发展的提出是人类对发展的认识进一步深化,它具有全面性、持续性、潜在性的特点。可持续发展不是看重短期发展、眼前利益,而是着眼未来、永续发展。对教育而言,可持续发展能力是指一个人在完成一定阶段的学校教育后所达到的知识、能力、素质既满足当前就业的需要,又能满足今后继续发展需要的能力(胡云斗,2007)。

全球化时代,科技发展日新月异,社会经济稳步向前,没有哪一份工作可以悠闲干几十年,没有哪一个岗位的要求一成不变,这就要求每一个身处新时代的年轻人一定要有终身学习的意识、与时俱进的学习能力,掌握最新的前沿知识和技能。不论社会如何发展、岗位如何变化,一个人的学习能力是内核。能够根据社会发展而不断学习的人必将被青睐,否则会被淘汰。因此,商务英语专业除了教给学生知识和技能,还应该将掌握知

6. 应用型商务英语人才培养模式

识与发展技能、发展能力、培养良好的职业道德和个性心理品质等各类目标有机地结合起来，提高学习者的综合素质和能力，促进人的全面发展。应用型商务英语专业学生不仅要学习到某个技能，顺利找到工作，还要学到持续钻研的精神、充足的发展潜力，最终能够在事业上不断晋升。应用型商务英语专业学习的具体可持续发展能力包括以下方面：① 专业能力。专业能力是指从事某一职业活动所必需的技能和相关的知识，它是在特定的方法引导下有目的地、合理地利用专业知识与技能，独立解决问题并评价成果的能力（丘东晓、刘楚佳，2011）。应用型本科院校商务英语专业学生的专业能力包括扎实的英语语言知识、丰富的国际商务知识与跨境电商、商务沟通技能等。只有学生具备这些知识和能力，将来才会有更多的职业选择机会和晋升机会。② 人际交往能力。人际交往能力是指一个人在社会工作环境下能够运用相应的沟通技巧、为人处事原则和礼仪等与他人建立、保持、发展关系的能力。在现代社会中，良好的人际交往能力对于语言类专业尤为重要，因为商务英语专业从事的就是与人打交道的工作。良好的人际交往能力有助于与他人建立、维护和谐友好的关系，得到他人的认同与帮助，实现个人的成长与事业成功。具备良好的人际交往能力首先得具有正确的三观和高尚的道德品质，让他人能够信任自己。③ 自主学习能力。所谓"自主学习"，是指在一定的环境中学习者独立地、有计划地按照自己的意愿进行主动学习，从而实现一个个小目标的过程。大学拥有相对开放自由的空间，学生有很多自主学习的时间，他们所学的技能不能全靠45分钟的课堂来解决，因此需要具备一定的学习能力，有意识、有计划地去完成设定的目标。自主学习能力也是大学期间学生需要具备的一个重要能力，对于学生未来的职业发展有着重要作用，只有具备较强学习能力的人才能不被社会淘汰，才能在经历大浪淘沙后依然具备自身的价值。④ 独立思考的能力。独立思考的能力是一个人成熟的标志，也是一个大学生应该具备的重要能力。当今社会是一个自媒体快速发展的社会，信息获取的途径众多，很多学生相信网络，他们所获取的信息大部分来自网络，甚至很多时候不加思考就信以为真。因此，学生独立思考的能力尤为重要，只有具备这种能力，将来才能在纷繁复杂的现象中看到事物的本质，才能在处理各种社会关系中明辨是非、分清善恶，才能揭示事物的发展趋势，对事物的发展做出正确的预测，才能未雨绸缪，抓住机遇。

可持续发展能力的习得与家庭、学校和社会环境等紧密相连，需要学生在各种学习和实践中体验、反思和总结。应用型本科院校商务英语专业可以从以下几方面培养学生上述能力。① 加快课程改革。首先，加强专业基础课教学，做到知识系统化、模块化。在"工具理性"的席卷下，许多高职院校热衷于对"有市场"的专业进行"快餐式"人才培养，集中精力开发专业课程，实行技术课程开发与职业资格证书相衔接，教学中以技能训练取代工作原理知识的传授，反对完整知识体系的"书斋式"学习（曾令才，2013）。长此以往，学生的培养完全是为了"雇主"的需求，这不是人的可持续发展的需求。语言学习需要多年的工夫，倘若学生在学校时没有对英语知识进行系统掌握，以后很容易遗忘并且难以捡回。所以，在校期间一定要打下坚实的语言基础。其次，学校要加强技能训练课程的资源建设。听、说、读、写、译的技能需要借助大量的练习进行，但是课堂教学实践有限，教师可以采取"线上＋线下""课内＋课外"的方式进行，给予学生锻炼的机会。翻译课程可以借助校企合作的翻译平台，为学生提供真实的企业案例进行练习。所有的技能是在日复一日的练习中获取的，不是机械式的简单记忆。在具体实践技能教学中，要充分利用数字化资源、校企合作资源，给学生提供锻炼的平台和机会，从而真正提升学生的应用实践能力。最后，开设丰富的选修课程。进入高年级，学生未来的从业意向不同，可以开设多门不同方向的选修课供学生选择，比如跨境电商课程、法律英语课程、教学论课程等，让学生能够结合个人所需选择适合自己的选修课。② 重视校园文化建设，加强社团与专业的合作。积极参与课外活动对于培养学生的可持续发展能力具有重要作用。因此，可以与学校社团合作，积极探索培养学生能力的渠道。首先，要培养学生的表达能力。可以与演讲与辩论协会、新闻媒体协会等合作，激发学生参与课外活动的兴趣，提高自身的口头和笔头表达能力。其次，要培养学生良好的阅读习惯。阅读是商务英语专业学生提升自我专业能力的重要途径，针对应用型本科院校部分学生自律性较差的状况，可以与英语爱好者协会共同开展晨读、英语角等活动，或者群内阅读打卡活动。还可以与外语学院阅读竞赛组进行合作，在老师的带领下进行阅读并展开讨论，长此以往，学生的思辨能力、语言总结归纳能力自然可以提升。③ 加强实习活动的管理，鼓励学生参与社会实践。可持续发展能力的培养无法全部从课堂和书本的学习中获得，而是需要不断的实践和在与他人的交流沟通中获得。比如前文讲到的各类实习活动，学校需要加强管理，杜绝伪实习的行为，一定要落到实处。同时，鼓励学生寒暑假参加各类社会实践，并举行表彰大会，让学生有获得感、成就感，以后也更愿意参加此类实践活动。在实践活动中，学生通过自身的体验，去观察和思考做事说话的方式，认识到专业学习的重要性，为后期进入社会做好充足的准备。

总而言之，学生的可持续发展能力是学校人才培养中必不可少的考虑因子，但是这种能力无法短时间内通过课堂学习形成，需要充分利用专业生态中各个因子的相互作用，在不断的学习实践中习得。

（3）教师队伍的可持续发展

教师队伍可持续发展对专业的可持续发展起着决定性的作用。教师的可持续能力主要是教师持续学习的能力、为专业建设持续贡献智慧的能力和素养，因此可以从以下几方面培养教师队伍的可持续能力。首先，要强化教师教书育人的理念，引导教师具有奉献精神。在此过程中，可以从党员教师抓起，及时树立先进典范，让教师有获得感和荣誉感，激励其他教师也积极参与。其次，要培养教师的双师能力。一方面，通过送教师外出培训研修获得相应的职业证书；另一方面，可以通过聘请校内其他学院教师或者校外企业导师为商务英语专业的教师进行培训，让教师获得经济学或者商科类的相关知识和技能，通过相关的考试取得资格证书后聘为"双师型"教师。

新时代的教师不仅要将自己上学期间学到的知识传授给学生，而且在工作岗位上需要持续不断地学习知识。商务英语专业的教师大部分上学期间学到的都是英语知识、语言文学类的知识，对商务类的知识涉及甚少，面对所教的学生，我们必须具备迎难而上、持续学习的心态。作为专业发展生态系统的生态主体，教师在整个生态系统中占据重要位置。但是，应用型本科院校的资源相对有限，待遇一般，因此一部分老师失去了积极向上的斗志，处于被动的教学状态，只限于完成自己的基本工作任务，没有正确认识自身发展的重要性，墨守成规，逐渐陷入"花盆效应"。为了避免被社会淘汰，应用型商务英语专业教师可以从以下几方面努力加强自我学习。①教师要不断向外界汲取知识、持续学习，教师可持续发展的过程就是教师不断开展学习的过程。平时要多关注外语专业的重要公众号，多获取一些讲座信息，听取专家学者的讲座，找到自己在专业教学中还可以突破的地方。因此，平时要多关注本专业的专家学者，关注他们的研究动态，从而明晰当下的专业发展方向。② 教师要开展教学实践，拒绝闭门造车，多去探索适合本校学生的教学模式，积累实践性知识，最终形成自身教学特色。比如，当下流行 POA 教学，教师可以考虑在课程中进行应用并创新。应用型本科院校学生学习较为被动，可以尝试对分课堂，让学生积极参与课堂。优质的课堂教学一定要有相应的教学理论支撑，再赋予合适的教学策略，从而形成自己独有的教学特色。③ 多与同行交流。正所谓"三人行，必有我师焉"，在与他人的交流中教师才会意识到自己与他人相比哪方面还需要提升、改变。④ 教师需要正确认识自己，充分发挥自身优势，设立发展目标。比如，有的教师善于沟通，可以进行跨境电商直播方面的学习，并积极参与各类教学竞赛。有的教师擅长文字工作，可以从翻译方面着手，提升个人的综合能力。每位教师都应该根据个人实际与所处生态环境建立和自身情况相符的发展目标。当然，在发展过程中也允许因为自己的一些兴趣变化和市场变化进行调整。在生态学领域中，人作为教育生态的主体，有自己的主观能动性。因此，想要从根本上促进教师可持续发展，只有学校提供的外部环境远远不够，最主要的是教师自我觉醒，积极开展反思教学，不断提升自我的社会适应能力和教育教学能力。

6.3.5 管理生态

管理的生态化是将可持续发展和环境保护教育贯穿于大学教育的始终。在整个教学过程中，通过整体性、系统性的设计，实现教学过程的开放性和动态性。主要包括三个层面的管理：学校整体的管理、教研室的管理、课堂的管理。

（1）学校整体的管理

学校的管理机制可以保证制度环境与文化氛围的营造。从教育生态学的角度来看，同一教育生态圈层中的生物因子和周边环境因子之间是密切相关、相互影响的。生态环境会对其中的生物因子造成影响，生态环境的变化必然会影响其内部生态因子的整体活动和状态。由此可见，学校层面的管理制度的完善对于整个生态环境中相关因子的稳定发展起着重要的影响。学校层面的管理首先要能够让师生觉得适宜，教师有干事的决心，学生有学习的信心。

从对教师的管理来讲，学校在建立制度文化的时候一定要重视校内生态环境对塑造教师信念的重要作用，利用生态环境对教师原有信念结构进行正确引导，同时也要促进教师信念结构整体的完善。只有重视教育生态环境中的制度支撑，才有可能实现教师群体的协同发展。规章制度是一切活动成功的前提和保障，尤其是随着社会发展的复杂程度不断提高，制度的重要性逐渐凸显出来。良好的制度文化能够引导教师自觉为学校的发展做出贡献。

作为专业施教的主要机构，学校对于教师的专业发展必然要有一套完善的管理制度，对教师的教学行为提出规范和要求，通过教学行为进而影响教师的内在信念。学校的制度要服务于教师的专业发展，其中包括教师信念系统的构建。特别是对新教师而言，由于新教师具有新人的特殊身份和对新环境的不适应，其首要的行为目标就是按章办事，遵循学校的行为规范制度。由此可见，学校为教师成长提供制度生态环境是很有必要的。应用型本科院校发展速度较快，但是由于受到办学资源的限制，某些奖励机制还不够完善，有的管理系统还比较落后。针对这些问题，可以采取一些措施缓解教师对当前管理水平不满的现状。一方面，学校教师管理制度的优化可以借助现代信息技术，形成网络化管理的优势，提高管理的信息化水平。针对垂直管理的弊端，学校可以尝试推进项目化管理，克服传统条块管理链效率有待提高的问题。另一方面，建立服务型的管理制度。学校管理制度的最终目的是为教师的教学服务，服务型的学校管理制度是学校发展的润滑剂。教师对于硬件环境可能存在不满意的地方，倘若服务管理能做到位，很大程度上可以缓解教师的此种忧虑。服务型的管理制度更加有利于教师的发展，也更加容易被教师接受。服务型的学校管理制度首先要尊重教师个人意愿，充分尊重教师在学校办学中的主人翁地位，激发教师干事创业的热情。如果学校的制度规定违背教师意愿，甚至影响教师的教学情绪和教学质量，这最后会损害到教师的教学热情和教育信心。因此，学校的管理制度需要学校领导层和教师群体共同制定，学校领导要真正了解教师的需求和期望，最终形成的制度能被教师群体所接受和认同，并且制度的实施过程由全体教师共同监督。这样整个制度环境就会处于和谐有序的状态，为教师的发展和学生的成长创造条件。课程评价是高校教学的重要组成部分，通过课程评价，能够发现课程体系中的问题，有利于提升教学质量、促进学科发展。

对学生的管理来说，要根据上级组织的要求，结合学校实际情况制定符合学生实际的管理制度，包括学生评优评先的制度、学科竞赛和社会实践的政策、学生参加外语等级考试的制度、学生宿舍文化创建的制度等，涵盖学生校园生活的方方面面。俗话说："无规矩不成方圆。"学生只有在一定的制度约束下，才能更有目标感、分寸感。对学生的管理，既要给予学生自由成长的空间，也需要给予他们一定的限制。比如，有的学生很有才华，但是十分有个性，不太愿意受到束缚，如果学校不建立对学生行为规范约束的制度，就很难让学生遵守规矩，大学生就会失去应有的素质道德。

（2）教研室的管理

教研室是实施教学和管理的基层单位，是学校完成人才培养的具体执行部门，是实现学校发展规划的关键，因此教研室在整个商务英语人才培养系统中占据重要的地位。首先，商务英语专业教研室要以提高教师的综合素质为首要任务，只有教师具备良好的道德素质，才乐于奉献教育事业的决心，才能全身心投入教育事业中。师德崇高的老师不仅是自己高尚，还会直接影响学生的学习态度。凡是在教学中严格要求自己，注意言传身教，有着严谨的治学态度和细致工作作风的教师都能为学生做出表率。要做到这一点，教研室需要采取树典型、推先进等系列措施，引领教师树立热爱教育事业的思想，养成严谨、务实、细致的工作作风。其次，教研室需要采取各种形式对教师进行业务能力培训。包括对教师编写教学大纲、选择合适的教材以及进行教学设计和课后反思等多维度的培训，让教师更加清晰整个专业的人才培养目标，明确自身的作用和价值，从而做好每一步教学工作。一方面，通过内部优秀教师分享不同的专题，彼此交流意见；另一方面，可以聘请某些领域的专家进行培训，比如聘请教学创新大赛的专家给予教师一些教学竞赛的指导。最后，教研室要做到科学评价各位老师的日常表现，在年终考核时作为评优评先的参考依据。日常可以通过积分制详细记录老师的奉献行为、教科研成果，让教师之间形成你追我赶的局面。总而言之，教研室的管理应坚持"一条线"贯穿始终的原则，即以培养教师良好的职业道德和业务素质为主线，把握具体的三个原则：备课的重难点要突出、讲练结合同步进行、教学策略要得当。除了营造和谐的教研室氛围，还要落实严格的教学管理。具体来讲，就是要有严格的教学进度、严肃的工作作风和严谨的治学态度,狠抓教学纪律和教学质量。通过教研室主任听课、同行听课、学生评教等多种方式,掌握每位老师的授课情况,并对教学中存在问题的教师及时给予帮助,对于屡教不改的给予相应的惩罚。

具体来讲,教研室的管理分为课程管理、教师管理和教学管理。对于课程管理,主要是教研室主任指导教师按照人才培养方案制订合理的教学计划,优化课程方案。比如,有的课程实践性较强,就要充分发挥过程性评价的作用,加大过程性评价的比例。对于专业性较强的课程,指导教师充分利用数字化资源,以喜闻乐见的方式让学生学习较难的知识。在教学进度上,要随机进行抽查,确保所有教师都按照计划授课。按照专业发展需要,重点建设一流课程、课程思政示范课程,有针对性地帮助教师进行相关准备。同时为了课程建设,可以引导教研室教师形成相关的教学团队,共同发挥各自的优势,助力专业课程建设。就教师管理而言,必须重视对人的管理,这是教研室的管理核心,日常工作中对教师进行量化考核,针对开教研会频繁请假的教师除了记录缺勤,还要有针对性地谈话教育,引导教师有纪律意识。对于教师的个人成长形成管理档案,这既是管理的措施,也是对教师个人成长的肯定。最后,就是教学管理,这是提升教学质量的重要保障。采取不同的制度调动教师的工作热情,比如采取导师制,建立导师团队共同指导学生。或者采取教师团队制度,指导教师按照不同职称形成小组,实行组长负责制,带领教师团队在擅长的领域有所突破,取得教科研成果。派选骨干教师积极参加外出交流活动,不断提升自身的认知。

(3) 课堂的管理

课堂是学生学习知识的重要渠道,因此有效的课堂一定要有严明的组织纪律,优秀的教师不仅能够传道授业解惑,还要具备较强的课堂组织能力。教师应思考每一个教学行为对提升学生的"现有能力"有什么帮助,不同学生个人的"现有能力"有何不同,并针对学生"现有能力"的差异设计多元化的、弹性的教学实施方案,确保每个学生在时间和资源上有提升自己"现有能力"的机会。首先,教师一定要树立"以学生为中心"的生态化课程教学理念。"坚持学生中心,全面发展""以促进学生全面发展为中心"是教育部在《关于加快建设高水平本科教育全面提高人才培养能力的意见》中明确提出的建设高水平本科教育的基本原则。"一切从学生出发，一切为了学生"更是高校人才培养的出发点和终极目标。商务英语专业教学要树立"以学生为中心"的理念，以新理念引领教学，从课程建设、教学内容和资源、教学方法、评价机制到师资队伍建设等都要围绕学生这一中心，真正突出学生在商务英语专业教学这个生态系统中的主体地位。既注重"教得好"，更注重"学得好"；既注重学生的个性需求与发展，又注重学生的共性需求与发展；既注重知识积累，又注重能力培养和素质提升。在专业教学的各方面、各环节坚持以"文化树人、以德育人"，培养德、智、体、美、劳全面发展，有文化素养、有社会责任感、有创新精神和实践能力的应用型和复合型英语专业人才。其次，营造良性的生态化商务英语专业课程教学环境。包括干净整洁的教室环境，还有教学软件环境（教学目标、课程体系、教学内容、教学手段、教学管理、教学评价等）和"以学生为中心"的教学理念、情感、态度、学习动机等。最后，构建多元化、生态化的课程评价体系，设置评价标准，激发学生参与课堂的动力。多元化、生态化的英语专业教学评价体系具有发展性、动态性及多样性的特点。强调"以学生为本"，以促进学生的可持续发展为终极目标；注重对教与学的动态及全程性评价；评价形式、评价内容及评价方法全面而多样。语言学习本身就是动态发展的过程。因此，要建立动态发展的教学评价体系，不仅要考查学的效果，也要考查教的效果。将过程性评价与终结性评价相结合；以动态的、发展的眼光将知识考查与能力考查相结合，课内考查与课外考查相结合，线上考查与线下考查相结合；师生评、生生评、小组互评、学生自评相结合，建立全方位、多元化、生态化的课程教学评价体系。

6.3.6　课堂生态

课堂生态是教育生态中最重要的组织形式，它是一种特殊的生态，是生命系统与环境系统在特定的空间——课堂中的组合体。教师、学生和课堂环境三个因子组成了课堂生态系统，其中教师与学生是课堂生态主体。课堂生态主体与课堂生态环境是课堂生态的两大基本要素。课堂生态存在多维复杂的关系：教师与学生之间是人与人的关系，教师、学生与课堂环境之间是人与环境的关系。不同要素之间相互作用、相互影响、相互依赖，并形成了一个完整的课堂生态系统,这也体现了课堂生态系统具有多样性和有序性的特征。课堂生态最基本的性质和最重要的特征就是整体性。课堂是由教师和学生在课堂环境中通过不同的教学事件联系在一起的整体形态。首先,教师、学生和文本、多媒体设备作为课程主体和有机整体,在课堂教学活动和交互过程中相互适应、相互调适,由各自分散的状态变为按照一定规律组织起来。其次,课堂上讲台、课桌、黑板以及多媒体设备的位置搭配等形成的空间文化、教学组织形式构成的活动文化、师生的服饰构成的服饰文化以及师生之间交往构成的言语行为文化等,这些共同构成了课堂文化生态的整体。协变性是指课堂生态的各个要素相互作用、相互影响。课堂环境也会引发课堂生态的变化,譬如,教室空间配置的变换会改变师生交谈的方式和内容,多媒体设备的摆放位置变化也会影响学生的情绪和言语行为(王晓红,2010)。

商务英语课堂教学微生态系统由教师、学生、教学环境共同构成。处于该系统的各个因子相互依存、相互制约,形成动态的不断寻求平衡的有机整体。学生的学习、成长和发展都受到课堂生态的影响。优质的商务英语课堂生态具有以下功能:① 激发学生的学习兴趣;② 提供知识输入的平台;③ 培养学生的学习策略,为学生的课外学习提供指导;④ 让学生有锻炼和展示的机会;⑤ 和谐的课堂氛围让学生对知识充满向往,充满敬畏和期待。简单来讲,商务英语课堂生态化模式就是能够充分释放学生的压力,将学生的认知、情感与社会规范和学生的个性调动起来,融为一体,创设一个温馨和谐的课堂氛围,让学生能够彼此信任、自由开放地合作与探究专业知识与技能。在生态化商务英语课堂这一系统内,课堂生态主体是教师和学生,其中教师作为课堂主导者和组织者,是构建符合学生发展的生态课堂环境的前提和保证。生态化课堂教学的施展需要教师首先明确生态化课堂的含义,然后从教学环节中的教学目标、教学内容和教学方法等各方面落实生态化的要求。

从宏观上讲,课堂生态系统包括学生的全面发展、教学进程、主体关系、教学环境等;从微观上讲,课堂生态环境的生态因子包括教师、学生和课堂环境,这三者相对独立又相互依存,共同构建了生态平衡的课堂系统。但是从目前我国应用型本科院校商务英语专业的教学现状来看,存在的生态失衡问题表现如下:① 教学主体与教学环境失衡。在部分学校商务英语专业依然是大班教学,授课班级人数为40人左右。②教学目标与全面发展失衡。在应试教育的长期影响下,商务英语教学依然沿袭了强调智育和知识的传授,过分局限于课本,实际操作能力受到约束,课堂教学沦为一种机械的活动。③教与学失衡。目前商务英语课堂上学生依然习惯被动地接受知识,主观能动性较差,导致教师在很多无奈的情况下只能唱独角戏。④教育资源短缺与教学需求失衡。一些应用型本科院校对于文科专业不重视,在配套设施上投入也很少,导致教育资源相对单一,这直接影响课堂系统的开发和良性循环,极大地影响了教学效果。

具体可以采取以下措施:①发挥限制因子的能动作用,有效提高商务英语教学质量。可以发挥限制因子的能动作用,有效提高商务英语教学质量。教育生态系统的限制因子定律具有以下特性:所有的生态因子都可以成为限制因子,因子过多或者过少,都会产生限制作用;有机体能对限制因子的作用产生适应机制,把限制因子变成非限制因子(关文信,2003)。比如说,大班教学会对接受能力较慢的学生产生阻碍,使得他们难以快速吸收新的知识,这时课堂环境就成了学生学习的限制因子。所以,商务英语生态化课堂模式的构建要尽量减少各种限制因子的限制作用,充分发挥其能动作用,努力营造和谐的生态环境。例如,商务英语教学课堂上对学生进行分组,开展小组讨论活动,争取让每个同学有表现的机会,这样小组成员之间既能互相学习,又能构建和谐的同学关系;另外,小组之间可以相互合作、彼此竞争,学生的积极性和主观能动性能够被充分调动起来。②把握教育生态位原理,确定教学目标。生态位是指一个群落中每个物种都有不同于其他物种的时间、空间位置,也包括在生物群落中的功能地位。从教育生态系统的角度来说,每个学生在学校或者班级的生态环境中都处于相应的位置,都有自己的生态位(王晓红,2010)。商务英语课堂教学过程中的生态位则是指教师与学生在课堂生态因子中所处的地位和作用。应用型本科院校的学生高考录取分数比一本低很多,英语基础相对薄弱,部分学生还是因为各种原因调剂到英语专业的,他们内心对于专业本身就有排斥,所以在应用型本科院校商务英语教学中需要教师和学生共同找准生态位。在教学过程中,教师就得适当调整教学设计,从培养学生的信心开始,教学中适当贯穿激发他们学习动力的小案例或者引导学生积极参与社会实践。为了提高人才培养质量,可以进行校企合作,充分发挥优秀校友的影响力,让学生看到学习本专业的优势,其实对于应用型本科院校的学生而言,可以从技能方面去形成自身的优势,从而找到自己满意的工作。笔者认为,对于应用型本科院校特殊的群体,教师需要培养学生积极的学习态度和人生态度,这有助于学生扫除学习障碍。③把握最适度原则,创设生态化教学环境。最适度的"度"是生态因子质和量的统一。教育生态系统的适度原则是指对周围的生态环境和各种生态因子都有自己的适应范围和区间。目前我国应用型本科院校商务英语教学基本沿用了传统的英语教学模式,一定程度上扼杀了学生对商务英语学习的兴趣。学生会抱怨英语难学,学的知识无法运用到实际工作之中。而且,受过传统教育的老师一时难以更新教学理念,更多的时候注重学生的语言输入,甚至不断地训练某些语言点,而且还认为学生只有会做题目才算是掌握了知识,这些做法无疑都是在挑战学生的忍耐度。蔡林森倡导的"先学后教,当堂训练"的教学模式就是生态课堂最好的例子。他始终坚守着一个真谛:教育是唤醒每个学生自我改变、主动发展的意识,是解放每个学生内在的求知渴望、学习力量。他以极大的耐心和智慧培养学生的自我反省、自我纠错的能力,带给学生独立思维、探索知识、克服困难的快乐和自豪感,使每个学生包括后进生都获得自信和尊严。而商务英语的课堂教学要做到这一点就要求教师精心设计课堂教学,合理安排教学内容、教学目标等影响因子,能够平衡语言输入与语言输出的关系、笔试和交际的关系、教与学的关系,以及学习书本知识和实际语言运用的关系。同时,教师还应合理处理课堂各要素之间的关系,使各种要素有机结合、互补共进,从而实现商务英语教学的高效率。

正确看待"花盆效应",力争创造真实情景语境。生态学中的"花盆效应"是指一个半人工、半自然的小生态环境,在空间上有局限性,还要人为地为之创造适宜的环境,一旦离开这个小生态环境,个体、群体将会失去生存能力。教育生态中的"花盆效应"则是指学生在封闭、半封闭的教育群体或教育系统中孤立地学习书本知识,学习的效率低,知识汲取的养分也少。因此,针对应用性极强的商务英语课程,教师要正确看待"花盆效应",力争为学生创造真实情景语境,让学生在开放轻松的生态环境中享受知识带来的快乐。要做到这一点,教师首先得有开放的思维和渊博的知识。其次,教师要适当将学生带出课堂,走进社会,强化学生的实际应用能力。真正走出课堂在现有的教学模式下难以实现，教师则可以通过开展丰富多彩的商务模拟活动让学生学会运用所学的知识，如笔者在商务英语教学课堂上开展的模拟招商引资洽谈会深受同学的喜爱，所有同学积极参与并且气氛活跃。因此，笔者认为教师多开动脑筋创设各种教学情景可以有效促进学生语言的输出，从而体现应用型本科院校学生应用型的特点。

上述论述主要从广义的商务英语教学课堂生态构建的现状和对策进行描述，实际上具体的课堂生态构建在每门课程中也会有所不同。笔者结合自己教授十多年的"商务英语阅读"课程，具体分析该课程如何实现良好的课堂生态路径。应用型本科院校的商务英语阅读课堂的生态现状主要表现如下：① 课前生态主要是英语课堂的生态环境，其中物理环境基本固定，主要是教室的布置和座位编排等。目前应用型本科院校的教室桌椅基本采用传统的固定课桌椅，而且都是纵向排列，基本没有如会议式的布局；另外教室都是流动使用，所以商务英语专业没有固定的教室，室内布置也无法根据专业特点进行布置。② 课堂教学过程中的生态主要是教学资源未能充分利用，教学方法比较单一，多采用传统的任务型教学法，注重知识的讲解，师生之间的互动也相对较少，生生之间的互动更少。③ 课后的生态主要是课程评价方式单一，基本采用平时成绩加期末成绩按百分比构成，而期中、期末试卷测评的成绩占主要部分，平时成绩大部分情况下教师只按照考勤来记录，这在一定程度上无法体现学生的综合表现。

笔者认为具体可以从以下几方面着手打造课堂生态。① 课前生态环境的构建。针对目前应用型本科院校教室环境单一、各班无固定教室的现状，如果学校条件允许，教师可以为商务英语专业的学生申请单独的教室并进行布置，使其充满浓厚的英语学习氛围；如果条件不允许，教师可灵活使用各种教学手段，如开展小组讨论、角色扮演、商务谈判等活动，将学生阅读到的内容通过这些形式表现出来比单纯的看文字记忆会更加深刻。② 课堂中的生态化模式构建。教师在进行授课之前可以通过小案例、小视频引出课程的主题，并且告诉学生一些与本单元相关的术语背景知识，让学生充分了解本单元的主题内容及相关的行业动态，为阅读扫除障碍。在实际的课文阅读过程中，教师则要引导学生使用正确的阅读方法和技巧，摒弃不良的阅读习惯，如逐句翻译等方式。为了激发学生兴趣，教师可以将文章拆成不同部分，让不同小组进行合作学习。在整个教学过程中，教师一定要关注学生、理解学生,让学生在愉悦的心态下阅读课文,同时逐步建立起和谐的师生关系。另外,生生之间的关系也会在合作学习等教学手段的刺激下进一步升华。③课后的生态化构建。当前应用型本科院校学生的积极性可能不够高,这与他们给自身的定位有一定的关系。但是通过笔者在应用型本科院校担任商务英语专业课程老师的实际情况来看,有效合理的评价体制对于学生的学习积极性有极大的帮助。例如,笔者所在学校学生平时成绩占总评成绩的30%,为了充分调动学生的积极性,可以申请课程综合改革,提高平时成绩的占比。笔者在"商务英语阅读"日常教学中改进评分结构,其中考勤30%,作业20%,课堂限时思维导图绘制30%,课前英语新闻播报分享20%。过程考核极大地调动了学生的积极性,比如课前新闻播报按小组进行,学生需要提前阅读最新的消息,小组成员之间相互讨论并形成总结,课前利用5分钟的时间进行分享。这个过程不仅提高了学生的阅读能力、分析总结问题的能力、批判性思考的能力,同时还培养了学生的团队协作精神。课堂阅读活动中思维导图的训练能够培养学生解决问题的能力,尤其是思考问题的逻辑,长此以往,学生的分析能力逐步提高,这对于将来的工作十分重要。通过教学改革,笔者发现学生在沉浸式参与课堂活动后,玩手机的现象得到了有效控制,生生之间、师生之间的沟通交流也更加顺畅,这不正是大家期待的教育吗?师生共同参与,共阅美文时文,共享知识盛宴,带来的是彼此心灵上的愉悦,是课堂生生不息的活力。

由此看来,在课堂生态的构建中,教师需要发挥主体作用,认真研究课程的性质,充分挖掘教材的内涵,有效进行拓展,大力鼓励学生参与课堂,让课堂充满活力和感召力,让学生能够真正享受良好的课堂生态带来的愉悦。

6.3.7 生态化评价

商务英语专业生态教学模式围绕人才培养方案进行,由多种因子相互作用、相互促进、相互依存,最终实现整个系统的动态平衡发展,促进人才培养质量的提升。因此,处理好这一生态系统各因子间的关系至关重要。

生态化评价理念清晰区分了"为教学的评价"与"为评价的教学"之

间的异同。为教学的评价偏重评价对教与学的反拨作用，也就是惯常所称的评价的功能；应试教育下的唯分数论便是为评价而教学的典型写照，这是评价的一个附属功能。为评价的教学反映了教育部门和学校教学主管部门对教育的期待以及社会经济发展对学校教育提出的要求，为教学指明了方向。但是往往在教学中，有的教师担心因为评价较低，个人职称、评优评先等工作受到阻碍，于是形成了为评教而教学的局面，只要学生口碑好，其他都不是问题。应用型本科院校学生普遍学习积极性不高、学习动机不足，通常希望老师能够松散管理，还能考试获得高分，所以对于教学严格的老师反而有些排斥。在这些因素的影响下，有的教师想尽办法构建让学生愉悦的课堂，但是忽视了知识性和技能性，产生了本末倒置的问题。教学的评价是以教育价值的生成为重心，关注如何在评价过程中发挥其激励、调节、促进的功能，为教学建设起到了指引作用。而为评价的教学往往忽略了评价的监督价值。然而，生态化教学评价体系强调二者的珠联璧合与和谐共生，致力于完善这只"无形的手"对教学的调控功能。动态的生态化评价理念侧重于突出评价主体、评价对象以及评价策略的动态性，这是一只"有形的手"。对于学生的评价，在传统的教学模式中一直推崇以教师为评价主体，在继承传统的基础上，生态化教学模式更突出以学生为评价主体的积极作用和不同评价主体间的和谐共生。以学生为评价主体可引导其关注、调节以及管控自身的学习行为，为其自主深度学习蓄力；此积极作用的发挥必然需要教师的协助，激发学生自我评价或生生互评的意识以及带动学生总结评价策略，并运用语言技巧使评价顺利且高效地运行。对于教师的评价，传统模式中通常是以学生评价为主体，但是学生常常会受到个人情绪的影响或者对老师的评价不全面客观，而生态化的评价强调动态过程评价。因此，学校在对教师评价时会采取"督导评价＋同行评价＋学生评价"的模式，按照不同百分比折算，形成最终对教师的评价。

综上所述，动态的生态化评价理念无论是对教师的评价还是对学生的评价，均采取多维度、多层次的评价，能够充分落实发挥评价的功能。通过对学生和教师动态的评价，我们也更容易形成清晰的课堂教学质量评价，精准找到影响教学效果的因子，从而采取对应的措施积极改正。可以说，这种动态的生态化评价充分利用了评价的优势，维护商务英语教学生态系

/ 6. 应用型商务英语人才培养模式 /

统中各因子的和谐共处、交互共生,以保障学生在体验式学习过程中实现学习的循环与再生,从而实现英语教学的可持续性发展。"多元和谐,交互共生"视角下的英语生态化教学模式是新时代商务英语教学的全新选择。学习循环再生理念和体验式学习理念与动态的生态化教学评价理念符合新文科背景下商务英语专业的育人价值,也体现了商务英语教学的工具性与人文性。

7. 结 论

****

自2019年教育部、科技部、工信部等13个部门联合启动"六卓越一技尖"计划2.0，要求全面推进新文科建设以来，外语类专业的发展面临新一轮的改革，而商务英语作为高等学校外语教育的一个重要分支，是在世界经济一体化背景下，中国经济主动融入国际市场，加强与世界各国国际经贸往来，以英语语言学科为基础，复合交叉经贸、管理、法学等学科知识为特色建立起来的新兴专业，是在原有英语专业基础上的创新发展，具有显著的跨学科属性，是典型的新文科类专业。正如教育部副部长吴岩在2019年的一份报告中指出的那样，"新形势下，各级各类高校外语教育要加强外语与其他学科的交叉融合，培养适应新文科建设的大外语人才。"因此，在新文科背景下，商务英语的发展应以新文科需求为驱动，主动求新求变，只有这样才能保证商务英语专业的顺利开展。在过去十多年的发展中，商务英语从不成熟时期走向了稳定成熟期，无论是在人才培养规范的制定、学科体系的构建，还是师资队伍的建设、教学资源的建设等方面，都已经取得长足的进步，且形成了较为稳定的框架。从过去教材稀少，到现在教材资源丰富且质量高，足以看出外语人对商务英语发展付出的辛苦努力。学科建设方面，目前关于商务英语的学科竞赛越来越多，且具有挑战性，能够充分体现商务英语的跨学科特点。比如，全国商务英语知识竞赛涉及的知识非常广泛，但是前提还是学生需要具备扎实的英语语言功底。"亿学杯"全国商务英语知识竞赛不仅考查学生的英语运用能力，还考查学生对跨学科知识的了解以及具体实践演讲的能力。在学科建设方面，国家也给予了足够的重视，比如外教社杯的讲课比赛中专门设立商务英语组，英语等级考试增加了商务英语专业四级、商务英语专业八级的考试。师资队伍建设方面，近些年来各类"双师型"的培训也为教师发展提供了平台，尤其是跨境电商方向的"双师"培训较多。

应用型本科院校有别于研究型的本科院校,更多强调培养动手能力强的应用型本科人才。同时,这类应用型人才也并非高职院校培养的应用型人才,在知识方面比高职学生要求更高。可以说,应用型本科院校是研究型本科院校和高职院校的中间地带,有其独特性。因此,在人才培养模式上也必须有一套可行的体系,既不能简单照搬研究型本科院校的模式,也不可完全采用高职院校的培养模式。应用型本科院校的商务英语专业在人才培养上要依据新文科建设的原则和要求,要突出其应用型人才的培养,充分利用信息化技术,融入外贸等知识,培养高素质的复合型人才,不断丰富新文科的内涵。

过去10多年的商务英语专业建设有成果,也有一些不足。教学体系设置方面有《国标》和《指南》作为方向标,体系的科学性更强,但是一些应用型本科院校办学时间较短,在创新性方面的尝试不够大胆,开始几年多半是直接照搬一本院校的人才培养方案。但是经过时间的沉淀,最近几年一些应用型本科院校在教学体系的设置上开始注意到时代性,能够结合社会需求设置一些实用课程,突出了商务英语专业的复合性和应用性。师资队伍建设方面,大部分应用型本科院校充分发挥了校企合作的作用,积极探索"双师型"队伍的建设,重点培养一批教学骨干,为商务英语教学的高质量发展提供了保障。就学生学习现状而言,应用型本科院校的学生相比研究型本科院校的学生基础更弱,普遍学习自律性更差,但是他们喜欢新鲜事物,乐于探索。就教材建设而言,已经形成了完整的体系,外研社和外教社的教材都有配套的教学资源,且充分体现了数字化赋能外语教学的特征,但是有的教材学生学起来较为困难,因此后期在应用型本科院校的教材开发上还可以进一步提升。

针对应用型本科院校商务英语人才培养过程中存在的困难和挑战,笔者结合自身的教学实践,提出了依托"三全育人"教育教学理念、OBE教育教学理念和"生态化育人"教育教学理念的人才培养模式。无论哪个本科层次的学生,品德始终是第一位的,因此要坚持德育优先、知识与能力并重的人才培养模式。良好的道德品质培养应放在商务英语专业人才培养方案的培养目标设定中的第一位,并将其作为其他目标的基石和底色。对此,可以通过课程建设、教师引导和协同育人等机制来实现。人才培养方案是实施人才培养的统领性指导文件和逻辑起点,是专业教学与管理的基本依据,是落实"立德树人"的"第一粒扣子"。在人才培养方案的制订中,思政要素和内容要贯彻始终。在人才培养过程中,教师要把家国情怀培养融入微观的专业建设和课程建设中,在具体的课程中进行课程思政建设,包括课前、课中和课后的引导,以及课堂中充分挖掘教材的思政育人元素,潜移默化地影响学生的言行,树立学生的"四个自信",培养学生的家国情怀和良好的职业道德。不仅在理论课中,在实践课中教师也要加强对学生的引导,尤其是职业道德、个人发展规划等,让学生具备务实肯干、创新敢闯的精神。在实践课程中要做好各门课程之间的衔接,指导教师要与辅导员和企业指导人员携手共促学生的成长发展。教师对学生的影响是持续的,因此要高度重视教师的示范引领作用:一个是利用导师制,让教师能够与学生深入接触了解,对学生各方面产生影响;另一个则是要求教师具备反思能力和持续学习的能力,这样教师能够给予学生更好地榜样示范。处于信息化时代,保持终身学习的能力是每个人的必修课,如果教师能做到这点,不仅可以提高教学质量,更能达到育人目的。如果商务英语专业教师不具备反思能力,永远拿着以往的教案讲授今年的课程,他又如何能培养适应社会发展的创新型人才呢?光反思不持续学习,又如何将新的知识融入教学之中呢?因此,教师的示范引领作用对于学生的成长至关重要。当前,国家高度重视产教融合,因此应用型商务英语专业要充分发挥政、校、企协同育人机制,让学生的素养、能力能够不断提升。

由于应用型本科院校的人才培养是基于社会需求进行的,因此反向设计教学体系、正向实施教学也是人才培养的关键。要做好 OBE 教育教学理念指引下的人才培养模式构建,需要按照以下方式推进:① 设置人才培养体系时,一定要准确定位,充分调研市场需求,精准设计相应的课程。② 要注重课程内涵建设,不断提升人才培养质量,让学生能够通过课堂获取丰富的知识、技能以及正确的价值观等。③ 从职场的需求出发,加强师资队伍建设,这个过程中教师要具备一定的职业素养,要了解职场对学生的要求,从而以身示范,只有教师队伍素质过硬、能力超人,才有可能培养出优秀的学生。④ 重视育人成效,坚持"能力本位"的理念,培养学生突出的应用能力。⑤ 在课程体系建设中强调实践应用价值,体现"1 + X + N"的人才培养理念,既要突出课程中培养学生应用能力的特征,还要衔

7. 结 论

接学科竞赛和职业资格证书考试的内容，在具体的课程建设中采取切实有效的适合课程性质的教学模式，让学生的能力得到提升。⑥ 新时代人才的培养一定要突出创新性，因为 AI 快速发展的时代很多工作岗位随时都可能被机器取代，作为有思想的人，具备创新意识是未来社会必备的能力。因此，应用型本科院校商务英语专业需要充分利用校企合作平台培养创新人才。

无论采取何种育人模式，人作为有情感、有思想的群体，都需要提供其可持续发展的环境，需要与周围的人和物形成自然和谐的关系。因此，对于应用型商务英语人才培养来讲，就是要为其创造有利于可持续发展的环境。教育生态的话题近年来备受学者关注，外语生态化教学也逐步进入大众视野。笔者认为在构建商务英语生态化育人模式中可以从以下几方面着手：① 构建人才培养的良好生态环境，这里主要包括外在的校园硬件环境和内在的校园人文环境。学生在良好的环境下成长，身心愉悦，自然可以有更好的创造力和专注力。教师在良好的环境下工作，自然更有热情服务好自己的学生。师生之间的良好情绪能为彼此赋能，这是一场双向奔赴的、有温度的教育。② 在生态环境中，各个因子之间要相互作用，人才培养需要通过课程实现，因此建立良好的课程生态十分必要。可以充分借助课程群的建设发挥课程生态的优势，让专业建设更具系统性和科学性，学生也能够在这个过程中做好课程知识之间的衔接。③ 教师是外语生态教学中的重要因子之一，因此师资生态的建设至关重要，主要是教师意识的转变、可持续学习能力的增强以及对教师评价体系的完善，这些都能够有效帮助师资队伍的建设，建成良好的师资生态，为整个人才培养提供保障。④ 整个专业生态包括商务英语专业自身的可持续发展、学生和教师的可持续发展等内容。专业自身的可持续发展一定要通过学科交叉融合，充分利用社会资源和校本自有资源来实现。对于学生和教师的可持续发展主要通过从意识上引导，学校提供相应的培训体系等方面来实现。⑤ 所有因子的和谐发展需要有良好的管理生态作为支撑。商务英语人才"生态化育人"模式主要是校级管理、教研室管理和教师对课堂管理的有序开展，构建人人守纪、共创和谐氛围的生态模式。⑥ 课堂是学生获取知识的重要场所，因此良好的课堂生态有助于师生之间的交流。教师可以借助不同的教学手段，促进学生参与课堂，形成良好的生生互动和师生互动氛围，从而让课堂教学效果更好。⑦育人成效最终需要借助一定的评价手段来衡量，因此评价生态化对于整个"生态化育人"模式来讲也是至关重要的。尤其是要加强动态评价的应用，要区分"为教学的评价"与"为评价的教学"，充分发挥评价对教学的反拨作用，也就是坚持为教学的评价，不要为了评价而被动教学。通过对生态因子的建设，采取恰当的评价手段，让所有因子之间和谐共处、良好发展，这也是商务英语专业"生态化育人"模式的重要保障。

综上所述，我们不难看出，无论哪种人才培养模式，都强调了课程体系构建、师资队伍建设、课堂教学策略、评价体系优化等方面。不同的人才培养模式采取的路径有所不同，但是目标都是一致的，也就是要培养德才兼备的应用型商务英语人才。因此，在具体的人才培养过程中，可以充分融合不同的教育教学理念，取长补短，形成一个更加和谐、开放、有序的育人环境，构建温暖、高效、开放的课堂，采取多元化的政、企、校协同育人方式，实现素质过硬、能力突出的人才培养成效。

参考文献

Ellis, M. & J. Christine. *Teaching Business English* [M]. Shanghai: Shanghai Foreign Language Education Press, 2002.

陈宝生. 在新时代全国高等学校本科教育工作会议上的讲话[J]. 中国高等教育, 2018 (16): 7.

陈玉琨. 教育评价学[M]. 北京: 人民教育出版社, 1999.

杜瑞清. 复合型外语人才的培养及实践[J]. 外语教学, 1997 (2): 34-37.

范国睿, 王加强. 当代西方教育生态问题研究新进展[J]. 全球教育展望, 2007 (9): 39-45.

冯红. 远离"花盆效应"——浅议创建英语阅读教学生态化[J]. 岁月, 2012 (9): 75-76.

凤权. OBE教育模式下应用型人才培养的研究[J]. 安徽工程大学学报, 2016 (3): 81-85.

高昀. 牛津大学的导师制对我国本科生教育的启示[J]. 理工高教研究, 2004 (4): 59-60.

关文信. 课堂教学监控生态化的关键因素[J]. 教育探索, 2003 (8): 68-70.

郭薇. 商务英语本科人才培养反思——基于企业要求的实证研究[J]. 海外英语, 2022 (33): 131-133.

胡云斗. 如何培养高职院校学生的可持续发展能力[J]. 中国职业技术教育, 2007 (32): 41-42.

姜波. OBE: 以结果为基础的教育[J]. 外国教育研究, 2003 (3): 35-37.

蒋洪新. 推动构建中国特色英语类本科专业人才培养体系——英语类专业

《教学指南》的研制与思考[J]. 外语界, 2019 (5): 2-7.

教育部高等学校教学指导委员会. 普通高等学校本科专业类教学质量国家标准（上）[Z]. 北京：高等教育出版社, 2018.

教育部高等学校外国语言文学类专业教学指导委员会英语专业教学指导分委员会. 普通高等学校本科外国语言文学类专业教学指南（上）——英语类专业教学指南[Z]. 上海：上海外语教育出版社, 2020；北京：外语教学与研究出版社, 2020.

蓝国兴. 从校企合作到产教融合——商务英语教学改革的探索与实践[J]. 黑河学院学报, 2016 (5): 61-63.

李华. 教育生态学视域下的英语课堂模式建构[J]. 鸡西大学学报, 2014 (10): 107-109.

李玲, 王文菁, 翟红华. 新文科背景下地方高校商务英语专业课程体系设置适应性的思考[J]. 成都师范学院学报, 2022 (2): 65-71.

林毅. 试论高校"三全育人"理念的内涵及落实机制[J]. 齐鲁师范学院学报, 2018 (4): 19-26.

刘莉. "1+X"证书制度下高职商务英语专业教育教学改革研究[J]. 湖北开放职业学院学报, 2023 (1): 173-174, 177.

刘衍聪, 李军. 基于OBE理念的应用技术型人才培养方案的设计[J]. 中国职业技术教育, 2018 (14): 72-76, 96.

刘月秀, 谭仕林, 徐正春. 本科生导师制的实践与探索[J]. 黑龙江高教研究, 2005 (8): 115-117.

罗敏. 综合英语课程融入思政元素的教学探索[J]. 宿州教育学院学报, 2019 (5): 101-103.

迈克尔·富兰. 变革的力量——透视教育改革[M]. 北京：教育科学出版社, 2004.

毛现桩. "三全育人"视角下课程思政融入大学英语课程群的价值意蕴、建设现状与路径优化[J]. 安阳工学院学报, 2022 (1): 115-119.

米启超, 刘艳杰, 杨风岭. 应用型本科高校人才培养国际化模式研究——以河南城建学院中外合作办学"三全育人"实践为例[J]. 教育现代化, 2019 (82): 50-52.

欧内斯特·博耶. 学术水平反思——教授工作的重点领域: 当代外国教育

改革著名文献（美国卷）[M]．北京：人民教育出版社，2004．

彭福扬，邱跃华．生态化理念与高等教育生态化发展[J]．高等教育研究，2011（4）：14-18．

丘东晓，刘楚佳．职业核心能力的内涵分析及培养[J]．教育导刊，2011（5）：70-72．

申天恩．论成果导向教育理念的大教学战略构想[J]．吉林师范大学学报（人文社会科学版），2016（3）：83-88．

宋继碧．应用型高校教师队伍生态化发展的困境与对策[J]．扬州大学学报（高教研究版），2023（3）：19-28．

孙芙蓉，谢利民．国外课堂生态研究评述[J]．国外中小学教育，2006（4）：12-18，32．

唐淑敏．教育生态视域下的外语教学设计[J]．外语界，2012（5）：59-67．

王立非．国家标准指导下的商务英语专业建设的核心问题[J]．中国外语教育，2015（1）：3-8．

王立非，崔璨．落实《商务英语专业本科教学指南》，推进商务英语人才培养[J]．外语界，2020（3）：5-11．

王立非，宋海玲．新文科指引下的复合型商务英语人才培养理念与路径[J]．外语界，2021（5）：33-40．

王晓红．生态化大学英语课堂教学环境的构建[J]．黑龙江高教研究，2010（9）：173-175．

王艳平．高校"三全育人"的特征及其实施路径[J]．思想理论教育，2019（9）：103-106．

王艳艳．商务英语专业特色办学研究[M]．上海：上海世界图书出版公司，2013．

韦卫星，韦文山，农亮勤，等．本科生教学实施导师制的研究与实践[J]．广西民族学院学报（自然科学版），2004（4）：99-102．

魏黎．OBE理念视域下商务英语acre人才培养体系构建[J]．菏泽学院学报，2022（6）：59-62，99．

吴海燕．"1+X"证书制度下高职商务英语专业人才培养策略[J]．中国多媒体与网络教学学报，2019（11）：144，149．

吴岩. 抓好教学"新基建" 培养高质量外语人才[J]. 外语教育研究前沿, 2021（2）：3-6.

谢危, 贲培云, 应英, 等. 新文科背景下高校商务英语专业"CPGE"创新创业人才培养体系建构[J]. 滁州学院学报, 2023（1）：122-127.

徐畅, 解旭东. 产教融合视角下职业教育政校行企协同育人机制构建[J]. 教育与职业, 2018（19）：25-32.

许翠玲, 王明东. "三全育人"视角下的校企合作培养应用型人才[J]. 高教学刊, 2019（5）：160-162.

许晓慧. 民办高校复合型商务英语专业特色人才培养模式探索[J]. 创新创业理论研究与实践, 2020（14）：116-117.

阳素云, 成黎明, 李正军, 等. 扎实推进"三全育人"体制机制建设[J]. 中国高等教育, 2021（9）：35-37.

杨金才. 外语教育"课程思政"之我见[J]. 外语教学理论与实践, 2020（4）：48-51.

杨天. 职业性人才培养战略下商务英语高技能人才培养模式研究[J]. 集宁师范学院学报, 2022（4）：43-47.

易明勇, 张迎迎. 面向新文科的商务英语人才跨学科培养模式探究[J]. 池州学院学报, 2022（6）：158-160.

曾令才. 高职商务英语专业学生可持续发展能力培养[J]. 湖北广播电视大学学报, 2013（12）：40-41.

张睿. 协同论视域下高校"三全育人"实施的机理与路径[J]. 思想理论教育, 2020（1）：101-106.

周春月, 刘颖, 张洪婷, 等. 基于产出导向OBE的阶梯式实践教学研究[J]. 实验室研究与探索, 2016（11）：206-208, 220.

邹其彦. "三全育人"背景下《高级英语》课程思政探索[J]. 湖北开放职业学院学报, 2023（1）：114-116.